DO ALTO DO PÓDIO

DO ALTO DO PÓDIO

COMO CHEGAR AO TOPO SEM PERDER A SUA ESSÊNCIA

DVS Editora Ltda 2022 – Todos os direitos para a língua portuguesa reservados pela Editora.

Nenhuma parte deste livro poderá ser reproduzida, armazenada em sistema de recuperação, ou transmitida por qualquer meio, seja na forma eletrônica, mecânica, fotocopiada, gravada ou qualquer outra, sem a autorização por escrito dos autores e da Editora.

Design de capa, projeto gráfico e diagramação: Bruno Ortega

Revisão: Hellen Suzuki

Dados Internacionais de Catalogação na Publicação (CIP)
(Câmara Brasileira do Livro, SP, Brasil)

Sattin, Marcelo Teles
   Do alto do pódio : como chegar ao topo sem perder a essência / Marcelo Teles Sattin, Sandra Pires. -- São Paulo : DVS Editora, 2022.

   ISBN 978-65-5695-047-1

   1. Autoajuda 2. Carreira profissional 3. Motivação 4. Perseverança I. Pires, Sandra. II. Título.

21-90046   CDD-158

Índices para catálogo sistemático:

1. Perseverança : Motivação : Psicologia aplicada 158

Maria Alice Ferreira - Bibliotecária - CRB-8/7964

Nota: *Muito cuidado e técnica foram empregados na edição deste livro. No entanto, não estamos livres de pequenos erros de digitação, problemas na impressão ou de uma dúvida conceitual. Para qualquer uma dessas hipóteses solicitamos a comunicação ao nosso serviço de atendimento através do e-mail: atendimento@dvseditora.com.br. Só assim poderemos ajudar a esclarecer suas dúvidas.*

DO ALTO DO PÓDIO

COMO CHEGAR AO TOPO SEM PERDER A SUA ESSÊNCIA

**MARCELO TELES SATTIN
SANDRA PIRES**

www.dvseditora.com.br
São Paulo, 2022

"Até certo ponto, a vida de um homem é determinada pelo ambiente, pela hereditariedade e pelos movimentos e mudanças no mundo à sua volta.

Aí, então, chega um momento em que cabe a ele mesmo modelar sua vida conforme deseja que ela venha a ser.

Somente os fracos culpam seus pais, a raça à qual pertencem, a época em que vivem, a falta de sorte ou as armadilhas do destino.

Está nas mãos de cada um dizer 'hoje eu sou isto, amanhã serei aquilo'. O desejo, porém, deve ser implementado por meio da ação".

— **Louis L'Amour**

ÍNDICE

PREFÁCIO **8**

INTRODUÇÃO **10**

COMO ESTE LIVRO ESTÁ ORGANIZADO **20**

CAMINHO 1 — DEFININDO METAS E OBJETIVOS **23**

CAMINHO 2 — MOTIVO **63**

CAMINHO 3 — DEFININDO A INTENSIDADE **107**

CAMINHO 4 — PERSEVERANDO **132**

CAPÍTULO 5 — PLANO DE AÇÃO **182**

REFERÊNCIAS **188**

PREFÁCIO

Desbravar é adentrar um terreno inóspito, desconhecido, e prepará-lo para que possa ser utilizado por quem vem depois. E, na minha opinião, não existe melhor maneira para definir a importância de Sandra Pires para o esporte brasileiro. Aqui, nestas páginas, vocês terão o prazer e a oportunidade de entender como o caminho de uma desbravadora é percorrido, com seus erros e acertos, com dificuldades e superação, e, acima de tudo, os valores que levaram essa grande mulher ao topo do vôlei mundial.

Mas não esperem encontrar atalhos. *Do Alto do Pódio* dividirá o mapa do tesouro com os leitores, mas não facilitará o trajeto. Ter a oportunidade de estudar os conceitos que levaram uma atleta de alto rendimento a ser dominante por si só já é ouro, e eu espero que aproveitem a jornada. Deliciem-se com as linhas que virão e lembrem-se de que os princípios que escolhemos para nossas vidas nortearão nossos resultados.

O talento pode te colocar no jogo, mas só a resiliência te levará ao sucesso. Porém, manter-se no topo é ainda mais difícil, e você precisará demais dessa capacidade de resistir às adversidades. Será preciso motivação, e Sandra conseguiu criar um caminho direto entre sua mente e essa força comportamental.

Os capítulos que virão vão ajudar vocês a entenderem, cientificamente e por meio de histórias reais, como essa via foi pavimentada. E levarão quem realmente estiver disposto a aplicar seus conceitos a um degrau acima. Sempre subindo, sempre aprendendo para alcançar o alto do pódio.

Bernardinho

INTRODUÇÃO

INTRODUÇÃO

Eu sempre fui um eterno inconformado na busca de algo mais. Não estou dizendo que fui infeliz nem que não sou grato a Deus por todas as coisas que Ele me deu ou me permitiu realizar. Inconformado é aquele que não se conforma com o estado atual, o *status quo*. E eu sempre fui assim! Na verdade, eu era um sonhador que não se contentava com quem eu era no momento presente. Eu queria ser aquela pessoa que eu imaginava em meus sonhos, realizado, feliz, um excelente marido, um profissional exemplar, um amigo insubstituível. Era assim que eu me via e foi isso que eu busquei a vida inteira — e ainda busco.

Este livro foi feito para todas as pessoas que, como eu, acreditam que a vida pode ser melhor do que é hoje e que, de alguma forma, estão dispostas a fazer alguma coisa para isso. Este livro é para os inconformados que pensam que ainda há muito o que fazer, muito a crescer, e que querem alcançar o sucesso pessoal e profissional.

Este livro nasceu da minha indignação ao saber que há muitas pessoas insatisfeitas com suas vidas profissionais e que gostariam de uma direção, de ferramentas, orientação, inspiração ou de alguma coisa que as alertasse para abandonarem o *status quo* e alcançarem a grandeza que lhes é reservada.

Para se ter uma ideia do que estou falando, segundo uma pesquisa realizada pelo Instituto de Pesquisa e Orientação da Mente, 70% das pessoas empregadas estão insatisfeitas com suas carreiras, com o trabalho que exercem, e gostariam de trocar de função ou de empresa. Além disso, outro dado alarmante é que 65% das pessoas não gostam de seus trabalhos, mas toleram suas atividades devido a questões financeiras, familiares ou até mesmo imposições da sociedade. Resumindo, pessoas que se submetem à infelicidade profissional para pagar contas, satisfazer os anseios profissionais de familiares frustrados e até para serem aceitas pela sociedade na qual estão inseridas. Com certeza, muitas dessas pessoas têm um grito de "basta" entalado na garganta, pronto para sair a qualquer momento.

Este livro nasceu para provocá-lo a colocar esse grito de angústia para fora. Chega de aceitar menos do que a grandeza, de aceitar uma vida sem realizações, sem significado, ou uma vida na qual você precisa prostituir seus valores e seu caráter para se sentir aceito. Este livro nasceu para ser a bússola e o mapa que guiarão a sua revolta contra essa vida medíocre que está se passando rapidamente, desapercebida e sem sentido.

Você deve estar se perguntando: "Mas por que este livro e não outros?" Porque este está nas suas mãos agora. Este livro o provocará a mudar, a sair da sua zona de conforto o mais rápido possível, antes que ela o engula e nunca mais o liberte. No entanto, este livro, por si só não fará todo o trabalho. Na verdade, o trabalho será todo seu, porque mudar dói! Mudar nos faz olharmos para nós mesmos e percebermos que a nossa vida não está indo como gostaríamos que estivesse. Mudar faz eu fazer coisas que não havia feito ainda, até porque continuar fazendo as coisas que tenho feito não tem me dado o resultado que eu espero alcançar. Por isso, você precisa tomar uma decisão agora, e eu vou ajudá-lo com algumas perguntas:

- Você está insatisfeito com a sua atual situação e gostaria de ser mais feliz e realizado pessoal e profissionalmente?
- Você quer ser uma pessoa mais motivada e disciplinada na sua vida?
- Você quer ser uma pessoa realizada e feliz na sua vida?
- Você quer ter uma carreira de sucesso e se tornar uma pessoa muito melhor do que é hoje?
- Você está disposto a pagar o preço para viver tudo isso?

INTRODUÇÃO

Se respondeu "sim" a todas as perguntas, mas "não" à última, talvez valha a pena repensar o quanto você realmente quer que a sua vida mude. Recomendo que leia este livro e perceba o quanto vale a pena pagar o preço para chegar ao alto do pódio.

Se respondeu "sim" a ao menos três perguntas, incluindo a última, o livro o ajudará com exercícios práticos e histórias inspiradoras para aumentar a motivação e o foco. Cancele o seu cinema ou a sua maratona de séries e prepare-se para uma mudança de paradigmas e comportamentos

Se respondeu "sim" a todas as perguntas, o seu sucesso já está a caminho. Devore este livro e seja uma pessoa de alta performance.

Neste livro, compartilho quatro caminhos fundamentais que o levarão ao alto do pódio. Eu digo que são quatro caminhos, pois eles o conduzirão a uma jornada cujo ponto de partida é o seu "eu de hoje" e a sua linha de chegada será "uma versão muito melhor sua, mais feliz e mais realizada pessoal e profissionalmente". Muitas pessoas querem ter uma vida melhor, plena e realizada, mas não sabem como alcançá-la e muito menos que ela existe. Sim, ela existe, e os quatro caminhos lhe servirão de bússola e motivação para chegar lá.

Do Alto do Pódio é um livro de inspiração e direção, que explica como alcançar alta performance e ser feliz. De forma a ilustrar cada conceito apresentado aqui, traremos histórias inspiradoras de Sandra Pires, a primeira mulher brasileira a ganhar uma medalha de ouro olímpica. As histórias dessa jogadora que chegou, de forma tão surpreendente, ao topo e os conceitos apresentados aqui têm como principal objetivo engajar você, leitor, na busca da sua própria jornada, do seu sucesso pessoal e profissional, da sua felicidade e plenitude. Você precisa apenas tomar uma decisão simples: começar agora! A vida acontece agora, e não amanhã. O segredo do sucesso é ter a coragem de mudar os seus hábitos agora. Afinal, durante todos os minutos de nossa vida, nós optamos por viver ou morrer, por sermos felizes ou tristes, por termos sucesso ou fracasso. A escolha é sua, e, se você optar por fazê-la amanhã, há uma grande chance de optar por ficar do jeito que está. Afinal de contas, essa é uma zona de conforto.

Este livro enfrenta um paradoxo: por um lado, as pessoas querem chegar ao topo por atalhos, prostituindo seus valores ou escolhendo percorrer um único caminho, sendo que os quatro caminhos são fundamentais para se chegar ao objetivo. Por outro lado, se conseguirem percorrer pelo menos um caminho, já terão uma mudança significativa em sua vida e em seus resultados. Então, já que você gastará sua energia, gaste-a percorrendo os quatro caminhos.

Sandra percorreu os quatro caminhos para chegar ao topo e, para cada caminho percorrido, ela experimentou uma felicidade imensurável. Sandra não é um personagem fictício que foi criado com superpoderes, mas sim uma pessoa simples que tomou a simples decisão de pagar o preço pelo sucesso que ela tanto queria, que era a medalha olímpica de ouro. E ela conseguiu!

Finalizo com um poema de Fernando Teixeira de Andrade, que diz: "Há um tempo em que é preciso abandonar as roupas usadas, que já têm a forma do nosso corpo, e esquecer os nossos caminhos, que nos levam sempre aos mesmos lugares. É o tempo da travessia: e, se não ousarmos fazê-la, teremos ficado, para sempre, à margem de nós mesmos".

Convidamos você a abandonar as roupas usadas, as velhas crenças e paradigmas e a fazer essa travessia conosco. O barco irá balançar, ficaremos com medo, lutaremos para voltar para a velha margem, mas uma coisa podemos garantir: se você perseverar, chegará à outra margem completamente diferente.

INTRODUÇÃO

Nasci no dia 16 de junho de 1973 no Rio de Janeiro, mais precisamente no bairro Duque de Caxias, Sandra Pires. Sou filha caçula de Arnaldo Thomaz Pires e Norma Catarina Tavares Pires e irmã sete anos mais nova de Alex Tavares Pires. Naquela época, ninguém imaginava que eu, Sandra Pires, seria a primeira mulher brasileira a conquistar uma medalha de ouro olímpica, juntamente com minha parceira de vôlei de praia Jackie Silva. Eu sou fruto de uma família simples e comum. Meu pai era chefe de sessão do grupo Schindler de elevadores enquanto minha mãe trabalhava como dona de casa, fato esse que não me permitiu muitas regalias durante minha juventude, tendo assim que conquistar meu sonho com suor e dedicação.

Minha história no esporte não começou no vôlei. Eu comecei no atletismo de rua — no qual o salto em altura era no colchão e o salto em distância era na caixa de areia —, e isso me ajudou no desenvolvimento da minha coordenação e da minha capacidade muscular, algo que faria muita diferença no vôlei.

A minha carreira no vôlei iniciou-se aos onze anos de idade, quando comecei a jogar vôlei de quadra nas aulas de educação física do Colégio Cenecista Capitão Lemos Cunha, na Ilha do Governador. Mais tarde eu me matriculei na escolinha de vôlei do colégio e comecei a treinar três vezes por semana com um professor maravilhoso, que era o Serginho, e desde então eu nunca mais parei.

Pelo pouco de atletismo que havia praticado, eu era a mais coordenada do time e tinha um pouco mais de força do que as meninas da minha idade. Acredito que isso ajudou a me destacar, tanto que o Serginho começou a me colocar para treinar com o time masculino.

Quando completei meus quatorze anos de idade, fui convidada por dois grandes times que existiam no Rio de Janeiro, mas, como eu ainda estava fazendo o ensino médio, na época achei que seria complicado abandonar o colégio para jogar vôlei, o que me fez continuar treinando no time do colégio e nos clubes locais, que não eram os grandes times, em termos de estrutura, que ficavam na Zona Sul do Rio de Janeiro. Eu entendia que precisava finalizar o ensino médio antes de me dedicar completamente ao esporte. Foi então que, após completar dezessete anos e os meus estudos, decidi experimentar viver somente do esporte, até mesmo porque sempre tive a consciência de que a carreira de atleta é muito curta.

Estreei no meu primeiro "grande time" de quadra como jogadora juvenil do time da Rio Forte. A partir daquele momento, tudo foi "acontecendo". Digo que foi tudo acontecendo porque as coisas ocorreram numa sequência natural e foram resultado de muita dedicação, treino, suor e amor ao vôlei. Nada foi por acidente nem fácil na minha vida.

Meu começo no vôlei de praia aconteceu quando eu já tinha dezenove anos e ainda treinava quadra no time da Rio Forte. O Jaques, que era auxiliar técnico do time juvenil, me convidou para eu formar dupla com a Karina Lins, que foi minha primeira parceira, com quem eu joguei por um ano, em 1993. Naquela época, eu treinava três períodos. Pela manhã, treinava com o time juvenil na quadra; no meio da tarde, treinava vôlei de praia dentro do forte da Urca. Como eu morava na Ilha do Governador e me deslocava de ônibus para treinar praia na Urca, demorava duas horas para ir e mais duas horas para voltar. À noite, eu treinava com o time adulto, que na época era o meu objetivo. Após os treinos, meu pai me esperava no ponto de ônibus, para não ter que andar mais vinte minutos à noite sozinha. Quando chegava em casa eu jantava, tomava banho e dormia, para começar tudo de novo no dia seguinte.

Naquele ritmo de treino, precisei muito do apoio dos meus pais, que me deram sem restrições. Na verdade, eles foram as pessoas que mais me apoiaram em tudo o que puderam, como se soubessem que daria certo. Minha mãe cuidava da minha alimentação, do meu descanso, do meu sossego. Como eu era fominha por

INTRODUÇÃO

bola, mesmo antes de jogar profissionalmente, jogava em todo lugar: na escola, no prédio onde morava, às vezes o dia inteiro, e minha mãe me apoiava até nisso, não me tirando de lá. Às vezes ela aparecia com um copo de vitamina na mão, porque sabia que eu não iria parar de jogar para me alimentar. Já meu pai, quando podia, me levava até os treinos e sempre assistia aos meus jogos.

Em janeiro de 1994, a Jackie (Jaqueline Louise Cruz Silva) me convidou para jogar e mais tarde, para a minha surpresa, me disse que eu teria que morar nos EUA para disputar a liga americana de vôlei de praia, a AVP (Association of Volleyball Professionals). Naquela época, a Jackie era considerada a melhor jogadora do mundo e já morava nos EUA — onde se jogava o melhor vôlei de praia feminino do mundo — e tinha como projeto ir para as Olimpíadas de Atlanta, pois o vôlei de praia entraria para os Jogos Olímpicos em 1996 e ela precisaria de uma parceira brasileira.

Foi então que o Wantuil Coelho, que depois se tornou nosso técnico, disse a ela que havia uma menina muito jovem, um diamante bruto, alguém que seria capaz de aguentar toda a pressão para chegar ao pódio olímpico. E a Jackie me procurou. Vendi o meu Chevette, que era o único bem que eu tinha na época, para financiar minha viagem. Eu também deixei minha família e noivo no Brasil para me dedicar ao esporte que tanto amo. Naquela época eu era muito jovem e sabia que se eu quisesse ser alguma coisa na vida, precisaria colocar toda minha energia naquilo e me arriscar, e a vida é assim mesmo!

Mas somente o convite da Jackie não era o suficiente para ir para as Olimpíadas. Isso nos exigia muito trabalho. Precisaríamos jogar o circuito brasileiro e ficar nas primeiras posições para então sermos convidadas a participar do circuito mundial de vôlei de praia. Chegando ao mundial, precisaríamos garantir as primeiras posições, para então garantirmos uma vaga nas Olimpíadas. Tudo era questão de pontuação! As Olimpíadas foram a linha de chegada de uma grande jornada pela qual passamos.

— DO ALTO DO PÓDIO —

Nas Olimpíadas de 1996, realizadas na cidade de Atlanta, quando o vôlei de praia estreou como esporte olímpico, eu e a Jackie tivemos o privilégio de sermos as primeiras mulheres brasileiras a conquistar uma medalha de ouro. Quatro anos depois, em Sydney, conquistei a medalha de bronze com a Adriana Samuel. Em 2004, peguei a quinta colocação nas Olimpíadas de Atenas, na Grécia. Fui eleita pela Federação Internacional de Voleibol a melhor jogadora de vôlei de praia na década de 90. Em 2014, entrei para o Hall da Fama do Vôlei. Posso dizer que conquistei quase tudo o que almejei durante minha carreira como jogadora.

Jackie e Sandra recebendo a medalha de ouro em Atlanta – 1996

Em pé em todos os pódios em que subi, percebi que cada suor, lágrimas, viagem de ônibus para o forte da Urca e, enfim, cada segundo em que me dediquei valeram a pena. E faria tudo de novo, caso precisasse!

 Veja aqui o jogo final das Olimpíadas de Atlanta em 1996, no qual Sandra Pires foi consagrada campeã junto com Jackie Silva.

INTRODUÇÃO

Os conceitos aqui apresentados não são meus, e sim conceitos profundos de coaching e psicologia positiva que foram aplicados na prática por Sandra Pires. Ela não leu este livro e se tornou campeã olímpica; ela se tornou campeã olímpica porque seguiu em sua época os princípios de sucesso que hoje estão descritos neste livro e são universais. Por isso este livro tem como objetivo te ajudar a alcançar o resultado que você espera! Boa sorte e lembre-se: ser feliz e ter sucesso exigem decisões diárias. Se decidir ser feliz, continue lendo. Se não optar pela felicidade, sugiro que pare de ler agora. A ignorância, neste caso, será uma grande bênção na sua vida...

Sucesso hoje e sempre!

COMO ESTE LIVRO ESTÁ ORGANIZADO

Para alcançar o ponto mais alto do pódio, você precisará trilhar quatro caminhos:

CAMINHO 1 — DEFININDO METAS E OBJETIVOS

Todos nós queremos alcançar o sucesso em nossas vidas. Algumas pessoas querem dinheiro, outras querem fama, outras querem uma vida sossegada com a família numa casa de campo. Definirei sucesso como o objetivo que estou buscando neste exato momento, o lugar para onde estou indo e que pode ser reinventado a qualquer momento. O ser humano é o único animal do mundo capaz de inventar e reinventar o seu futuro. Hoje você pode ser professor e se, "amanhã", quiser ser advogado, você pode. É importante deixar claro que podemos mudar nossas metas de vida, porém, se mudá-las a todo instante, corremos o sério risco de nunca alcançá-las. O seu sucesso pessoal e profissional dependem de metas bem definidas.

CAMINHO 2 — MOTIVO

Fator fundamental para qualquer pessoa que deseja alcançar o sucesso é ter um motivo consistente e inspirador. Ele será a chama que o fará acordar mais cedo, trabalhar mais, estudar mais, perseverar, entre outras funções que somente o "motivo" pode exercer na jornada de sucesso de alguém. Para que isso ocorra, será preciso iniciar uma busca incessante por autoconhecimento, a fim de descobrir "quem você é", quais são as suas paixões, quais são os seus valores, as suas motivações, enfim, descobrir os fatores importantes que surgiram com as suas experiências de vida e que lhe darão sustentabilidade e êxito na busca dos seus objetivos.

CAMINHO 3 — DEFININDO A INTENSIDADE

Definido o meu objetivo, precisarei de intensidade para alcançá-lo. Posso demorar cinco anos para alcançá-lo ou apenas dois. Dependerá da intensidade que eu quero aplicar ao meu projeto. Precisarei utilizar meus talentos, meus recursos e minha dedicação para reduzir o tempo da minha jornada rumo ao sucesso.

CAMINHO 4 — PERSEVERANDO

Drummond já nos alertava que no meio do caminho haveria pedras. Estarei mentido se eu disser que você não encontrará pedras no meio do seu caminho e que tudo será fácil. As adversidades surgirão com força total na sua trajetória e você precisará estar atento a todas elas. As pedras no caminho servirão de escada para o seu sucesso. As piores adversidades são as invisíveis e, muitas vezes, onipresentes. Elas roubarão o seu foco e, em alguns momentos, a sua motivação. Aprenderemos a dominar o nosso modelo mental para transformar obstáculos em oportunidades de crescimento e superação. Então, prepare-se para turbinar sua performance!

Fazendo uma analogia com os 4 caminhos, imagine que você mora em São Paulo e precisa ir ao Rio de Janeiro para a festa de aniversário do seu cunhado (irmão da sua esposa). Sabendo que seu **objetivo** é chegar à festa no Rio de Janeiro, você saberá qual estrada pegar. Por esta razão o objetivo é tão importante: ele o ajuda a definir o melhor caminho, bem como as metas. É importante também ter um excelente **motivo** para pegar o carro e percorrer uma longa estrada até o casamento do seu cunhado. Você pode estar indo para lá porque tem um ótimo relacionamento com ele ou porque quer ver a sua esposa feliz por estar presente na ocasião.

Tendo um objetivo bem definido e metas estabelecidas, você poderá determinar a intensidade da viagem. Se for a uma velocidade de 50 km/h, poderá chegar à festa em doze horas. Se for a 150 km/h, poderá bater o carro, tomar multa e até mesmo se machucar seriamente. Você precisa definir uma **intensidade** ideal que lhe dê sustentabilidade e velocidade na jornada, sem atrasar o seu sucesso. Pode ser que no caminho surja uma adversidade: um pneu furado, um motor fundido, um tráfego inesperado. Para superar as adversidades surgidas, **perseverar** será fundamental para você chegar ao aniversário a tempo. Por isso é importante ter um motivo inspirador. Ele o inspirará o tempo todo a superar os desafios, manter a sua intensidade constante e a focar o seu objetivo.

Esses são os ingredientes para turbinar a sua performance e ajudá-lo a alcançar o sucesso. Boa sorte e boa jornada rumo ao topo do pódio!

Muitas pessoas desconhecem o poder das metas. No livro *O que Ainda Não Se Ensina em Harvard Business School*, Mark McCormack traz uma pesquisa realizada com alunos dos MBAs da famosa instituição norte-americana e revela resultados inacreditáveis. Foi perguntado aos alunos se eles tinham metas claras e definidas, colocadas no papel, com um planejamento para atingi-las. Dos entrevistados, apenas 3% tinham metas descritas no papel e se planejado para alcançá-las; 13% possuíam metas, entretanto não haviam sido colocadas no papel. O restante dos alunos, ou seja, 84%, não tinham metas definidas. Os pesquisadores retomaram o estudo dez anos depois e constataram algo magnífico: os 13% dos alunos que possuíam metas, mas que não estava no papel, ganhavam em média o dobro do que os 84% que não possuíam metas definidas. Os 3% restantes, aqueles com metas e planejamento devidamente definidos, ganhavam dez vezes mais do que os outros 97% juntos. Esse é o poder de viver por metas.

Existe uma diferença entre objetivo e meta que precisa ser esclarecida aqui.

Objetivos podem ser definidos de forma simples: é o ponto que você quer alcançar no futuro, é o sonho a ser conquistado. Para algumas pessoas, o objetivo pode ser "tornar-se diretor comercial da empresa em que atua". Para outras, "ser médico", "comprar uma casa" ou até mesmo "falar uma segunda língua fluentemente". O objetivo é o cume da montanha no qual você fincará a sua bandeira.

Perceba que há possibilidades de que o objetivo não seja alcançado. Isso acontece porque ele depende, além dos nossos esforços, de influências externas. Eu posso me preparar durante muitos anos para ser o diretor comercial da empresa em que atuo, mas, no momento em que abrir uma vaga para o cargo, ainda que eu seja o mais qualificado, o CEO da empresa pode escolher outra pessoa. Sandra Pires poderia ter se preparado por mais de dez anos para as Olimpíadas, ser a favorita e ainda não ganhar a medalha de ouro.

O objetivo é importante para criar foco e motivação. Ter um ponto de chegada é inspirador e faz com que tenhamos um indicador do nosso sucesso. Entretanto, ter um objetivo também pode ser uma cilada, pois o sucesso pode nos fazer acomodar. Há muitas histórias de pessoas que alcançaram o sucesso e depois se acomodaram. Pessoas que queriam casar a todo custo e, quando conseguiram, relaxaram. Profissionais que estudaram muito para passar em concursos e depois se acomodaram quando alcançaram seu objetivo.

Eu imagino que você deve ter ficado com uma questão na sua cabeça: "Se nada garante que eu vou alcançar os meus objetivos, por que devo tê-los e por que persegui-los?" A resposta é simples: objetivos funcionam como o nosso norte. Eles direcionam as nossas forças e nos motivam a alcançá-los. Eles criam uma motivação suficiente para superarmos todos os obstáculos que aparecerem no caminho. Independentemente de atingi-los ou não, você será uma pessoa melhor, um profissional melhor simplesmente por chegar perto deles. A jornada, quando é calcada nos seus valores e no seu propósito de vida, é tão ou até mais prazerosa do que o destino. Você pode não se tornar o diretor da empresa em que trabalha, mas toda a sua dedicação durante o processo será recompensada pelas competências que terá adquirido e pelo profissional que você se tornará. Além disso, você terá muito mais facilidade para se tornar diretor de outras empresas após essa jornada.

Veja aqui um trecho do filme *O Poder Além da Vida*, em que o personagem Sócrates explica para o seu aprendiz Dan Millman onde está a verdadeira felicidade.

{ DO ALTO DO PÓDIO }

Nos exercícios a seguir, vamos identificar quais são os seus objetivos, os seus sonhos a longo prazo. Em seguida, traçaremos metas para alcançar esses objetivos.

Liste 27 coisas que você gostaria de fazer ou experimentar antes de morrer:

1. _____
2. _____
3. _____
4. _____
5. _____
6. _____
7. _____
8. _____
9. _____
10. _____
11. _____
12. _____
13. _____
14. _____
15. _____
16. _____
17. _____
18. _____
19. _____
20. _____
21. _____
22. _____
23. _____
24. _____
25. _____
26. _____
27. _____

Quais são os principais temas que aparecem na sua lista?

_____
_____
_____
_____
_____
_____
_____

Agora escreva dois objetivos que você gostaria de alcançar (um profissional e um pessoal) e os respectivos prazos para serem alcançados. Transcreva-os para as páginas 184 (profissional) e 186 (pessoal) na área destinada ao seu objetivo.

Se o objetivo é o sonho a ser alcançado a médio ou longo prazo, a meta pode ser descrita como pequenos objetivos a serem alcançados em períodos de tempo mais curtos e que ajudarão a alcançar o objetivo. No caso do objetivo "ser diretor de marketing em três anos", uma meta poderá ser "fazer um MBA em até dois anos".

Apesar da importância de metas e objetivos em nossas vidas, muitas pessoas passam a vida trabalhando sem defini-los e, portanto, sem saber aonde chegarão. É a conhecida "gestão de carreira por acidente". O indivíduo não define metas, consequentemente não traça uma estratégia, e acaba por chegar a qualquer lugar — que pode ser uma carreira bacana, realizadora, mas também pode ser uma profissão fria e desmotivante.

COMO CRIAR UMA META EFICAZ?

Para criar metas eficazes, siga alguns critérios relevantes que são originários do modelo SMART.

Vamos detalhar cada critério, para que você possa estipular metas poderosas para sua carreira e vida.

1. ESPECÍFICA E MENSURÁVEL

Não ser específico na definição da sua meta significa que você não saberá exatamente aonde chegará e muito menos qual estratégia poderá utilizar. Até para sair de carro definimos uma meta específica no GPS: vamos ao posto X, à farmácia Y, levaremos os filhos à escola Z etc. Ser específico é traçar uma linha de chegada que será cruzada quando a meta for alcançada.

Além de específica, a meta também precisa ser mensurável, garantindo que você possa gerenciar o seu desempenho em relação a ela. Traçar como meta "falar inglês fluentemente" não é tão eficaz como "tirar nota 7,5 no exame de proficiência do IELTS", que é mensurável e você consegue claramente avaliar se conseguiu ou não atingi-la.

Outro fator importante é criar uma meta que esteja pelo menos 80% sob o seu controle, trazendo assim a responsabilidade para você e evitando que fatores externos influenciem o alcance.

2. TAMANHO DA META

Pior do que ter uma meta mal definida é ter muitas metas ao mesmo tempo, como começar o ano dizendo que quer perder peso, trocar de emprego, estudar mais, acordar cedo para orar etc. Pessoas que definem uma ou duas metas importantes conseguem alcançá-las. Pessoas que definem quatro ou cinco metas chegam a alcançar somente uma ou duas. Quem define mais do que isso não alcança nenhuma! Portanto, é importante escolher uma meta que seja crucialmente importante, ou seja, que o ajudará a chegar próximo do seu objetivo.

Além disso, temos que ter em mente também que ela deve proporcionar desenvolvimento pessoal e, para isso, precisa ter o tamanho adequado. Caso ela seja excessivamente grande, para que você não fique frustrado por não alcançá-la, divida-a em metas menores, porém desafiadoras, estimulando, assim, a sua superação. Metas que não são bem definidas criam obstáculos ao crescimento, ao invés de apoiá-lo.

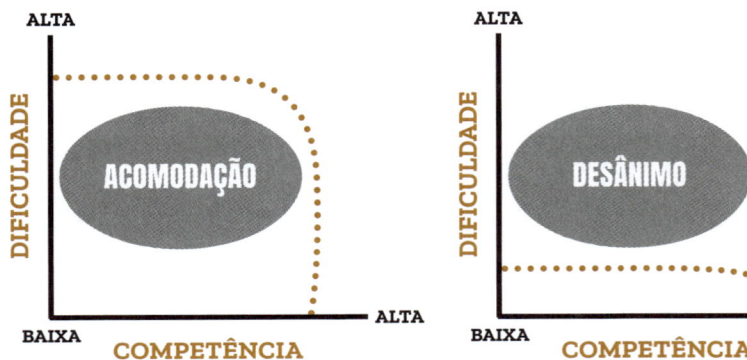

OBSTÁCULOS DO CRESCIMENTO

Quadro 1. Dificuldade para alcançar a meta = competência. Se a dificuldade da meta estipulada for igual à sua competência, isso gerará acomodação, já que você não precisará se superar nem se desenvolver para alcançá-la.

Quadro 2. Dificuldade em alcançar a meta < competência. Quando a dificuldade para alcançar a meta é mínima, bem menor do que as suas competências, isso também gera desânimo, já que você a alcançará facilmente, sem autossuperação. Geralmente, esse tipo de cenário é encontrado em empresas que possuem um processo de promoção mediante ao tempo de casa do colaborador ou até mesmo por meritocracia, porém sem um sistema criterioso de entrega por resultados.

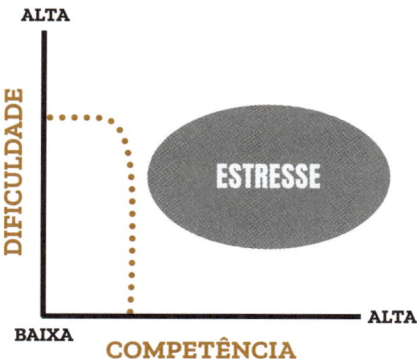

Quadro 3. Dificuldade para alcançar a meta é muito maior do que a competência. Este caso pode gerar estresse. Você não terá tempo hábil para desenvolver competências e isso o impedirá de alcançar a sua meta.

ESTÍMULO AO CRESCIMENTO

Quadro 4. Dificuldade para alcançar a meta > competência. O estímulo ao crescimento acontece quando você estipula uma meta um pouco maior do que as competências que possui. Isso o obrigará a se desenvolver para alcançá-la, resultando assim no seu crescimento.

3. SISTÊMICA

Ao traçarmos uma meta, temos que pensar que ela impactará diversas áreas da nossa vida. Se uma pessoa deseja se tornar um executivo de um banco, ela deverá levar em consideração que esse cargo afetará a sua vida pessoal, seu tempo com a família, seus horários de lazer, entre outras coisas.

Para definir sua meta, será preciso analisar o impacto gerado por ela em áreas distintas da vida: pessoal, profissional, familiar e outras que considere importantes.

4. PRAZO

Uma das grandes falhas ao traçar uma meta é não definir a data limite para alcançá-la. Toda meta tem que ter prazo para começar e para terminar. Por mais que você não saiba com precisão quando isso acontecerá, definir uma data aproximada aumentará o seu senso de responsabilidade para atingi-la.

Utilizando a metodologia apresentada no livro As 4 Disciplinas da Execução, vamos escrever uma meta usando esta fórmula: **"verbo / o quê / de X para Y até quando". "Verbo / o quê"** significa a ação a ser praticada. O **"X"** significa o seu status atual, a posição na qual se encontra. O **"Y"** define a sua linha de chegada, a meta que quer atingir. **"Até quando"** define o prazo, isto é, a data limite para alcançar a meta.

Entendendo que a meta deve ser específica, mensurável, desafiadora, sistêmica, crucialmente importante e ter um prazo para realização, vamos começar o processo para definir a meta.

Apresentaremos aqui como você deve criar a sua meta que deverá seguir a metologia a seguir.

Como exemplo para facilitar a visualização, vamos imaginar que o seu objetivo profissional seja ser professor de uma universidade internacional em seis anos. O primeiro passo é fazer um brainstorming de metas que você precisaria alcançar para chegar lá. O brainstorming seria algo do tipo:

1. falar inglês fluentemente;
2. conseguir uma carta de oferta para cursar PhD numa universidade internacional;
3. conseguir uma bolsa de estudos para custear o PhD;
4. melhorar a escrita acadêmica em inglês.

Agora será preciso filtrar as metas seguindo estes critérios: ela deve ser específica (linha de chegada), mensurável, desafiadora, sistêmica, crucialmente importante e ter um prazo.

CRITÉRIOS	METAS
Está alinhada com o meu objetivo (**importante**)?	1, 2, 3, 4
É uma **linha de chegada**, ou seja, tem um final claro?	1, 2, 3, 4
Pode ser **mensurada**?	1, 2, 3, 4
Está pelo menos 80% sob meu **controle**?	1, 4
É **desafiadora**?	1, 2, 3, 4
Fere algum valor meu, caso eu a alcance?	Nenhuma fere. Talvez eu perca alguns momentos com a minha família para estudar, mas nada que possa ir de encontro aos meus valores

Baseando-se nesse afunilamento, é preciso perguntar "se eu aplicar minha energia agora, qual meta vai me gerar maiores resultados na busca pelo meu objetivo?". A resposta a curto prazo seria "Falar inglês fluentemente", até mesmo porque as demais metas dependem do inglês fluente. Sem o inglês, é impossível melhorar a escrita acadêmica, nem obter uma carta de oferta da universidade e, consequentemente, nem conquistar uma bolsa de estudos. Em resumo, melhorar o inglês a curto prazo deve ser a meta desafiadora.

Agora é necessário escrever isso de forma que a meta fique específica, mensurável e atingível, pois é difícil mensurar "falar inglês fluentemente". Como saber que você chegou lá? Para isso, seguiremos com a metodologia apresentada no livro As *4 Disciplinas da Execução*. Assim, podemos reescrever a meta de várias formas:

Subir o nível de inglês de intermediário para avançado em 8 meses.

Subir o nível de inglês de 6,5 no IELTS para 7,5 em 8 meses.

Usaremos aqui a segunda opção: "Subir o nível de inglês de 6,5 no IELTS para 7,5 em 8 meses", pois, além de ser mais fácil de mensurar, também atende às exigências de proficiência em inglês das universidades internacionais.

VERBO — Estabelece uma ação	Subir
O QUÊ — Define o alvo claro do comportamento ou do resultado a ser alcançado	O nível de inglês no IELTS
DE X — Seu status atual, a posição na qual você se encontra	6,5
PARA Y — Linha de chegada, a meta que você quer atingir	7,5
ATÉ QUANDO: — O prazo, a data limite para você alcançar a sua meta	Daqui a 8 meses

—— ❮ **DO ALTO DO PÓDIO** ❯ ——

Baseando-se nos seus objetivos pessoais e profissionais já escritos neste capítulo, faça um brainstorming de metas que você precisaria alcançar ou realizar e que o ajudarão a alcançar o seu objetivo. Não pense nos critérios ainda, apenas coloque as ideias que lhe vierem à cabeça. Mais adiante, será feito o processo de escolha da melhor meta; agora é hora de criar quantidade, e não qualidade.

Objetivo pessoal _____

1. _____
2. _____
3. _____
4. _____
5. _____

Objetivo profissional _____

1. _____
2. _____
3. _____
4. _____
5. _____

{ CAMINHO 1 • DEFININDO METAS E OBJETIVOS }

Vamos garimpá-las para escolher a melhor meta pessoal e, depois, a profissional? Responda às perguntas abaixo, que o ajudarão a definir a sua meta pessoal.

Caso a meta criada atenda ao critério da coluna da esquerda, coloque o número dela na respectiva coluna, como foi feito no exercício da página 34.

CRITÉRIOS	METAS PESSOAIS	METAS PROFISSIONAIS
Está alinhada com o meu objetivo (**importante**)?		
É uma **linha de chegada**, ou seja, tem um final claro?		
Pode ser **mensurada**?		
Está pelo menos 80% sob o meu **controle**?		
É **desafiadora**?		
Fere algum valor meu, caso eu a alcance?		

Agora responda à pergunta "se eu aplicar minha energia agora, qual meta vai me gerar maiores resultados na busca pelo meu objetivo?". Por mais que você esteja tentado a definir duas ou mais metas, defina neste momento uma única meta, que nós chamaremos aqui de **Meta Crucialmente Importante**[1], ou **MCI**. Esta é a sua meta mais importante e que o levará até o seu objetivo.

---

1   Meta Crucialmente Importante: nomenclatura utilizada no livro As 4 Disciplinas da Execução para distinguir uma meta muito importante de uma meta comum. A metodologia utilizada para criar MCI, Metas Comportamentais, Rituais Diários ou Semanais e Placares foram retiradas do livro As 4 Disciplinas da Execução.

Sugerimos estabelecer uma única MCI para o seu objetivo, para facilitar a criação e a implementação das metas comportamentais e também dos rituais a serem seguidos. Se tiver muitos comportamentos novos para serem implementados, a chance de você desistir será maior, visto que mudar comportamento demanda muita energia.

Escolheu a sua MCI? Agora, utilizando a fórmula "verbo / o quê / de X para Y até quando", transcreva a sua MCI pessoal:

VERBO
Estabelece uma ação

O QUÊ
Define o alvo claro do comportamento ou do resultado a ser alcançado

DE X
Seu status atual, a posição na qual você se encontra

PARA Y
Linha de chegada, a meta que você quer atingir

ATÉ QUANDO:
O prazo, a data limite para você alcançar a sua meta

A seguir, transcreva também a sua MCI profissional:

VERBO
Estabelece uma ação

O QUÊ
Define o alvo claro do comportamento ou do resultado a ser alcançado

DE X
Seu status atual, a posição na qual você se encontra

PARA Y
Linha de chegada, a meta que você quer atingir

ATÉ QUANDO:
O prazo, a data limite para você alcançar a sua meta

Transcreva as suas MCIs no Capítulo 5 deste livro, nas páginas 184 (profissional) e 186 (pessoal) nas áreas destinadas a elas.

5. AGINDO (INCLUINDO OBSTÁCULOS)

Uma meta no papel não resolve absolutamente nada. Para implementá-la, você precisará traçar um plano de ação, que pode ser composto de metas comportamentais e rituais ou também de um road map — um mapa detalhado do que você deve fazer para alcançar o objetivo. Nós nos aprofundaremos no road map no final deste capítulo.

A primeira opção, composta de metas comportamentais e rituais, resultará em uma mudança comportamental em você e no desenvolvimento de competências necessárias para alcançar o seu objetivo. A meta comportamental é uma meta mensurável que descreve um comportamento e que o ajudará a chegar à meta predefinida. Ela precisa ser preditiva e influenciável: **preditiva** porque prediz que, se você atuar sobre ela, alcançará a sua meta e, consequentemente, o seu objetivo final; **influenciável** porque tem que estar pelo menos 80% sob o seu controle, e não sob o controle de outras pessoas, dessa forma você não poderá culpar os outros por não realizá-la. A responsabilidade será toda sua!

Para cada MCI que criar, é recomendado definir apenas duas metas comportamentais, caso contrário você terá dificuldades na implementação delas.

Já os rituais representam as atividades semanais ou diárias que deverão ser realizadas por você e que o ajudarão a alcançar a sua meta comportamental.

Vamos para um exemplo! Imagine que o seu **objetivo** seja "ser professor de uma universidade internacional em seis anos". A sua Meta Crucialmente Importante para este ano é "Subir o nível de inglês de 6,5 no IELTS para 7,5 em 8 meses". Duas metas comportamentais que você pode estabelecer são:

1. **Estudar inglês seis horas por semana com ênfase em gramática e escrita acadêmica.**
2. **Conversar em inglês com minha esposa durante 90% do tempo quando estivermos a sós, ou com amigos que também falem inglês, sempre sobre assuntos atuais ou filmes/séries interessantes.**

É preciso também seguir alguns critérios muito importantes para a criação de metas comportamentais. As metas comportamentais precisam:

- ser comportamentos;
- ser mensuráveis;
- ajudar a alcançar a minha MCI (preditiva);
- estar pelo menos 80% sob o meu controle (influenciável) — por exemplo, caso a minha esposa não queira falar em inglês algum dia da semana, eu posso continuar praticando com ela, mesmo que ela só responda em português;
- ser um processo e não algo que pode ser realizado uma única vez.

Além disso, as metas comportamentais precisam expressar **verbo / foco / consistência / qualidade**. Veja o exemplo a seguir:

— ⟨ DO ALTO DO PÓDIO ⟩ —

	Meta Comportamental 1	Meta Comportamental 2
VERBO Estabelece uma ação	Estudar	Conversar
FOCO Define o alvo claro do comportamento ou do resultado a ser alcançado	Inglês	Inglês
CONSISTÊNCIA Qual a frequência a ser realizada?	6 horas/semana	Com minha esposa durante 90% do tempo quando estivermos a sós, ou com amigos que também falem inglês
QUALIDADE Em qual padrão de qualidade?	Com ênfase em gramática e escrita acadêmica	Sobre assuntos atuais ou filmes/séries interessantes

Seguir essa metodologia para escrever a meta comportamental garantirá que a execução e impacto que ela terá sobre a MCI sejam muito mais eficazes.

Vamos criar agora as suas metas comportamentais para as suas MCIs pessoal e profissional? Para criar metas comportamentais eficazes, faça um brainstorming do que você precisaria fazer para alcançar a sua MCI. Lembre-se de que o objetivo agora é gerar quantidade de ideias, e não qualidade.

{ CAMINHO 1 • DEFININDO METAS E OBJETIVOS }

Vamos começar pela MCI pessoal. Escreva o máximo de comportamentos que você precisa executar para alcançar a sua MCI pessoal.

1. _____
2. _____
3. _____
4. _____
5. _____
6. _____
7. _____
8. _____

Vamos agora fazer o brainstorming para as metas comportamentais que o ajudarão a alcançar a sua MCI profissional. Escreva o máximo de comportamentos que você precisa executar para alcançar a sua MCI profissional.

1. _____
2. _____
3. _____
4. _____
5. _____
6. _____
7. _____
8. _____

Agora vamos filtrá-las ou adaptá-las para que atendam aos critérios que uma meta comportamental eficaz deve seguir, que são:

- ser um comportamento;

- ser mensurável;

- ajudar a alcançar a minha MCI (preditiva);

- estar pelo menos 80% no meu controle (influenciável);

- ser um processo e não algo que pode ser realizado uma única vez.

Transcreva as metas comportamentais para a tabela a seguir e coloque S (Sim) ou N (Não) para verificar quais metas atendem aos critérios. Você também pode reescrever uma meta para que ela atenda aos critérios, caso seja necessário. Por exemplo, imagine que tenha incluído "me matricular em um curso de inglês", um processo que é realizado uma única vez. Você pode reescrevê-lo como "estudar 4 horas/semana de inglês numa escola". Vamos começar pelas metas comportamentais para a MCI pessoal.

BRAINSTORMING DE METAS COMPORTAMENTAIS (MCI PESSOAL)	COLOQUE POR ORDEM DE IMPACTO NA SUA MCI	É UM COMPORTAMENTO?	É MENSURÁVEL?	AJUDA A ALCANÇAR A MINHA MCI?	ESTÁ PELO MENOS 80% SOB O MEU CONTROLE?	É UM PROCESSO E NÃO UMA AÇÃO ÚNICA

A seguir faça a mesma coisa com as metas profissionais.

BRAINSTORMING DE METAS COMPORTAMENTAIS (MCI PROFISSIONAL)	COLOQUE POR ORDEM DE IMPACTO NA SUA MCI	É UM COMPORTAMENTO?	É MENSURÁVEL?	AJUDA A ALCANÇAR A MINHA MCI?	ESTÁ PELO MENOS 80% SOB O MEU CONTROLE?	É UM PROCESSO E NÃO UMA AÇÃO ÚNICA

Agora selecione as duas metas comportamentais que mais impactam na sua MCI e escreva-as abaixo seguindo a metodologia apresentada. Vamos começar pelas metas pessoais.

	Meta Comportamental Pessoal 1	Meta Comportamental Pessoal 2
VERBO Estabelece uma ação		
FOCO Define o alvo claro do comportamento ou do resultado a ser alcançado		
CONSISTÊNCIA Qual a frequência a ser realizada?		
QUALIDADE Em qual padrão de qualidade?		

Agora reescreva as metas profissionais seguindo a metodologia.

	Meta Comportamental Profissional 1	Meta Comportamental Profissional 2
VERBO Estabelece uma ação		
FOCO Define o alvo claro do comportamento ou do resultado a ser alcançado		
CONSISTÊNCIA Qual a frequência a ser realizada?		
QUALIDADE Em qual padrão de qualidade?		

Transcreva agora as suas metas comportamentais no Capítulo 5 deste livro, nas páginas 184 (profissional) e 186 (pessoal), na área destinada às metas comportamentais.

E o que seriam então os rituais?

Os rituais são atividades específicas que você fará dentro de uma semana ou de um dia e que o ajudarão a colocar a sua meta comportamental em prática. Veja alguns exemplos de rituais que podem ser feitos para cada uma das metas.

EXEMPLO DE RITUAIS SEMANAIS

Estudar inglês por 6 horas / semana

Estudar 4 horas de present e past perfect.
Escrever um artigo acadêmico em inglês de pelo menos 3 páginas (2 horas).

Conversar em inglês com minha esposa em 90% do tempo

Ler um texto em inglês sobre um assunto importante para mim e compartilhar com minha esposa.
Assistir a um filme em inglês e depois conversar sobre ele.

Os rituais semanais devem ser reavaliados semanalmente para, primeiro, ver se eles estão ajudando-o a chegar à sua meta crucial e também para redefinir novos rituais. Pense sempre "este é o melhor ritual que eu posso fazer para alcançar a minha meta nesta semana?".

Já os rituais diários devem ser reavaliados diariamente, também a fim de observar se eles estão ajudando-o a chegar à sua meta e para redefinir novos rituais diários. O grande desafio aqui é que você precisa criar rituais todos os dias.

EXEMPLO DE RITUAIS DIÁRIOS (SOMENTE PARA UM DIA)

Estudar inglês por 6 horas / semana

Estudar 2 Phrasal verbs que ainda não conheço.
Iniciar o estudo de Present perfect (1 hora).

Conversar em inglês com minha esposa em 90% do tempo

Aplicar o que foi estudado hoje no bate-papo com minha esposa.

Um ritual diário pode ser se matricular numa escola ou num curso online de inglês. Para outro dia, pode ser assistir à aula de inglês; fazer as lições que o professor pediu também pode ser um ritual. O importante é que, no final das contas, você tenha atingido as seis horas de estudo de inglês que propôs em sua meta comportamental.

EXEMPLO DE FLUXOGRAMA DE METAS

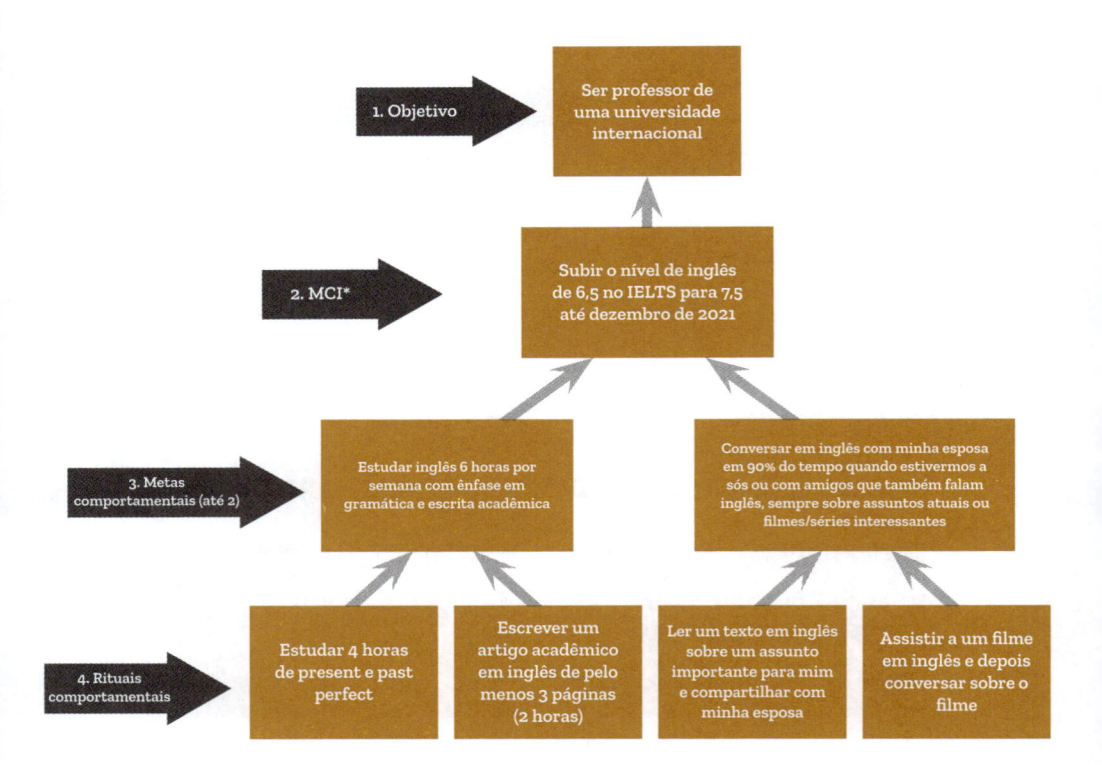

1. Objetivo → Ser professor de uma universidade internacional

2. MCI* → Subir o nível de inglês de 6,5 no IELTS para 7,5 até dezembro de 2021

3. Metas comportamentais (até 2) →
- Estudar inglês 6 horas por semana com ênfase em gramática e escrita acadêmica
- Conversar em inglês com minha esposa em 90% do tempo quando estivermos a sós ou com amigos que também falam inglês, sempre sobre assuntos atuais ou filmes/séries interessantes

4. Rituais comportamentais →
- Estudar 4 horas de present e past perfect
- Escrever um artigo acadêmico em inglês de pelo menos 3 páginas (2 horas)
- Ler um texto em inglês sobre um assunto importante para mim e compartilhar com minha esposa
- Assistir a um filme em inglês e depois conversar sobre o filme

Evite criar rituais ou metas comportamentais generalizadas ou subjetivas como "estudar mais, dar mais feedback, ler mais livros". Crie um ritual que seja:

- **específico:** que visa um resultado específico, podendo ter duração de dias ou horas;

- **alinhado:** diretamente alinhado com a meta comportamental e com a MCI;

- **com tempo certo:** pode ser concluído dentro de uma semana.

Descritas as metas comportamentais e os rituais, aproveite também para pensar nos percalços que podem surgir no meio do caminho, assim você poderá criar um plano de contingência. Se a minha esposa, com quem eu conversaria em inglês, tiver que viajar, eu já estarei preparado para que esse obstáculo não atrase o alcance da minha meta.

ESCREVENDO OS RITUAIS PESSOAIS

Escreva os seus rituais diários ou semanais para a sua MCI pessoal. Selecione uma ou duas coisas mais importantes que possa fazer esta semana para alcançá-la. Siga os critérios específico, alinhado e com tempo certo.

1. _____
2. _____

Quais são os obstáculos que podem impedi-lo de realizar esta meta? O que fazer para superar esses obstáculos?

_____
_____
_____
_____
_____

ESCREVENDO OS RITUAIS PROFISSIONAIS

Escreva agora os seus rituais diários ou semanais para a sua MCI profissional. Selecione uma ou duas coisas mais importantes que possa fazer esta semana para alcançá-la. Siga os critérios específico, alinhado e com tempo certo.

1. _____
2. _____

Quais são os obstáculos que podem impedi-lo de realizar esta meta? O que fazer para superar esses obstáculos?

_____
_____
_____
_____
_____

Transcreva os seus rituais no Capítulo 5 deste livro, nas páginas 184 (profissional) e 186 (pessoal), nas respectivas áreas.

Nós usamos como exemplo até agora a MCI "Subir o nível de inglês de 6,5 no IELTS para 7,5 até dezembro de 2021" porque o inglês é fundamental para o acesso à faculdade. Podemos também imaginar que você, por ter nível 6,5 de inglês no IELTS, já pode ser aceito por uma universidade internacional. Veja o exemplo a seguir, caso a MCI fosse outra em vez dessa.

QUAL O SEU OBJETIVO A LONGO PRAZO, SUA META E SEUS RITUAIS COMPORTAMENTAIS?

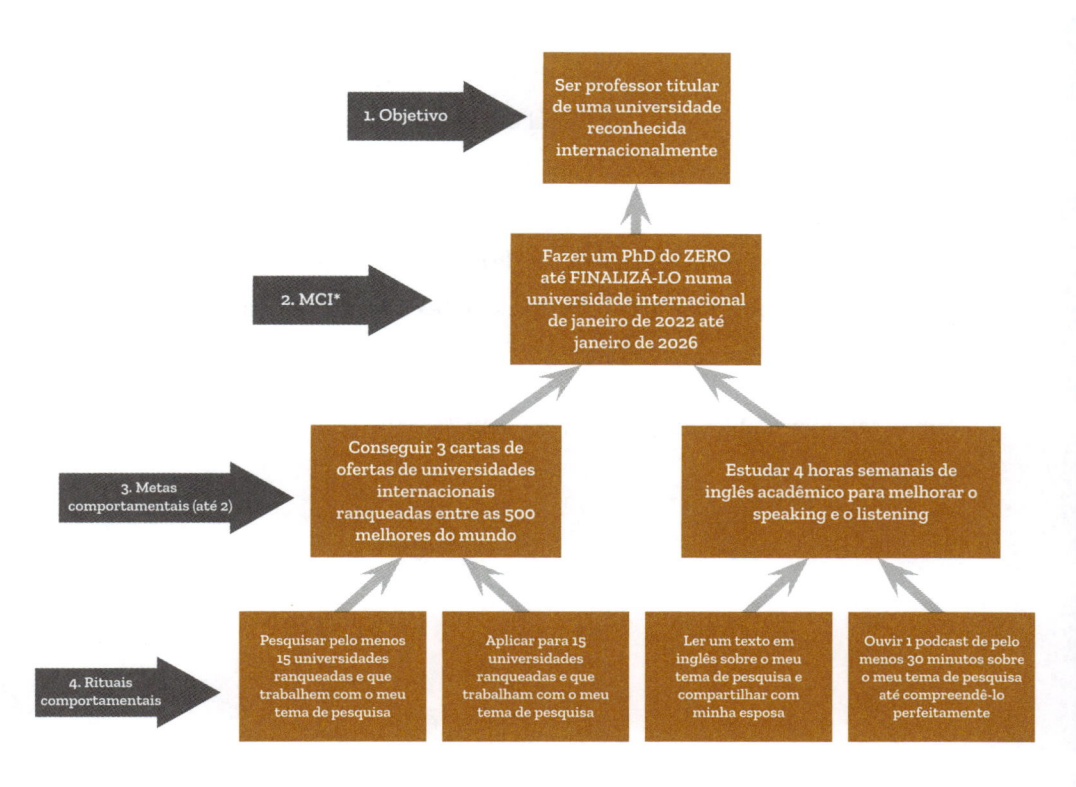

1. Objetivo → Ser professor titular de uma universidade reconhecida internacionalmente

2. MCI* → Fazer um PhD do ZERO até FINALIZÁ-LO numa universidade internacional de janeiro de 2022 até janeiro de 2026

3. Metas comportamentais (até 2) →
- Conseguir 3 cartas de ofertas de universidades internacionais ranqueadas entre as 500 melhores do mundo
- Estudar 4 horas semanais de inglês acadêmico para melhorar o speaking e o listening

4. Rituais comportamentais →
- Pesquisar pelo menos 15 universidades ranqueadas e que trabalhem com o meu tema de pesquisa
- Aplicar para 15 universidades ranqueadas e que trabalham com o meu tema de pesquisa
- Ler um texto em inglês sobre o meu tema de pesquisa e compartilhar com minha esposa
- Ouvir 1 podcast de pelo menos 30 minutos sobre o meu tema de pesquisa até compreendê-lo perfeitamente

Perceba que utilizamos "desenvolver o nível de inglês" como uma meta comportamental que também ajudará a pessoa a chegar à nova MCI. No novo exemplo, a pessoa ainda não está matriculada na universidade e, para isso, precisa conseguir uma carta de oferta. Neste caso, uma meta comportamental seria "Conseguir 3 cartas de ofertas de universidades internacionais ranqueadas entre as 500 melhores do mundo". Assim que a pessoa consegui-la e já estiver matriculada na universidade, ela poderá alterar a sua meta comportamental, pois esta já foi alcançada.

As metas comportamentais também podem ser alteradas se já serviram ao seu propósito. Cuidado apenas para não ficar mudando muito suas metas comportamentais, para não perder o foco e desistir do projeto.

Outra forma de traçar metas é por meio do road map. Para fazer um road map eficaz, trace uma linha horizontal ou diagonal numa folha em branco e escreva a data de hoje no início da linha e a data em que o seu objetivo deverá ser alcançado no final dela. O road map deve ser construído em sequência cronológica de trás para frente, a partir do objetivo final. Ao fazê-lo, você deve se perguntar "O que aconteceu um passo antes de a meta virar realidade? Quais foram as ações necessárias?".

Vamos retomar o objetivo mencionado aqui, "ser um professor de uma universidade internacional".

1. "O que aconteceu um passo antes de sua meta de você se tornar professor de uma universidade internacional?" A resposta poderia ser "fui aceito na entrevista de emprego na Universidade" e também "finalizei o meu PhD". Essas informações devem ser colocadas no road map junto à data em que as ações deverão acontecer.
2. As perguntas seguem: "O que aconteceu um passo antes de ser aceito na entrevista? E o que aconteceu um passo antes de finalizar o meu PhD?" As respostas são "Participei de pelo menos cinco entrevistas" e "defendi a minha tese perante a banca".
3. Siga perguntando qual foi o passo anterior à ação que você acabou de descrever, criando assim um road map detalhado e cronológico de trás para frente com todas as ações necessárias para alcançar a meta, até chegar ao dia de hoje.

Veja o exemplo a seguir. Neste road map, foram colocadas apenas algumas ações, para ajudá-lo a entender, deixando de fora muitas outras ações importantes. No seu, coloque todas as ações necessárias, sem excluir nenhuma. As ações com a fonte da mesma cor estão interligadas.

ROAD MAP

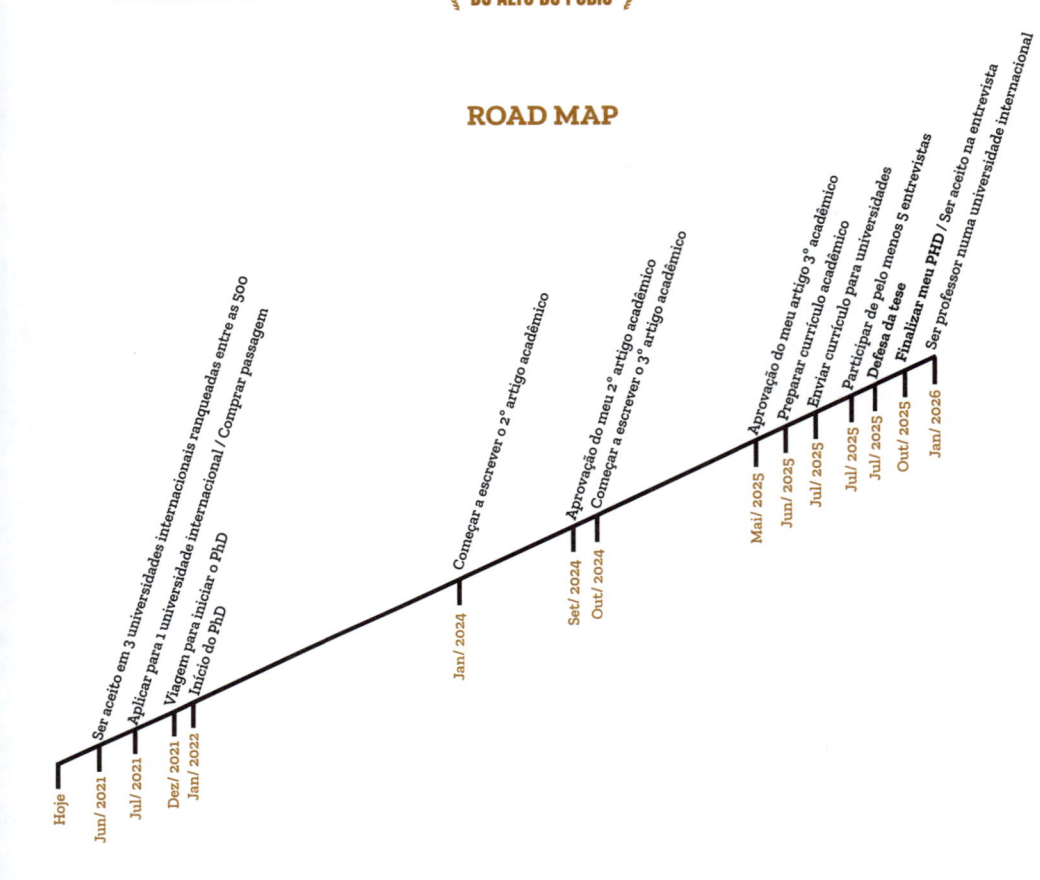

Timeline:
- Hoje
- Jun/ 2021 — Ser aceito em 3 universidades internacionais ranqueadas entre as 500
- Jul/ 2021 — Aplicar para 1 universidade internacional / Comprar passagem
- Dez/ 2021 — Viagem para iniciar o PhD
- Jan/ 2022 — Início do PhD
- Jan/ 2024 — Começar a escrever o 2° artigo acadêmico
- Set/ 2024 — Aprovação do meu 2° artigo acadêmico
- Out/ 2024 — Começar a escrever o 3° artigo acadêmico
- Mai/ 2025 — Aprovação do meu artigo 3° acadêmico
- Jun/ 2025 — Preparar currículo acadêmico
- Jul/ 2025 — Enviar currículo acadêmico
- Jul/ 2025 — Participar de pelo menos 5 entrevistas
- Out/ 2025 — Defesa da tese
- Jan/ 2026 — **Finalizar meu PhD** / Ser aceito na entrevista / Ser professor numa universidade internacional

Para fazer o seu road map, trace a linha em uma folha em branco, defina o ponto final (o seu objetivo) e o ponto inicial (o dia no qual estará elaborando o road map). Agora é só começar a desenhar o passo a passo, de trás para frente, até o ponto inicial.

MONITORAMENTO

Tão importante quanto definir uma boa MCI, boas metas comportamentais e bons rituais é criar um bom sistema de monitoramento para saber se você está ganhando ou perdendo o jogo em direção ao seu objetivo. O livro *As 4 Disciplinas da Execução* sugere a criação de um placar envolvente que fique visível aos seus olhos e lhe diga em menos de cinco segundos se você está avançando nas suas metas ou não. Em outras palavras, o placar lhe dá o feedback diário, para que saiba se está ganhando ou perdendo o jogo. Um placar eficaz tem as seguintes características:

- É simples, isto é, possui somente informações ultrarrelevantes.

- É atualizável, ou seja, você poderá atualizá-lo com frequência e com facilidade.

- Contém o seu objetivo, a sua meta e as suas metas comportamentais.

- É lúdico e atrativo visualmente.

- Deve estar colado em um lugar de fácil acesso, para que você sempre possa vê-lo.

Alguns exemplos de placares interessantes que já vi são:

1. Um prédio enorme numa parede com o King Kong de um lado e a loura do outro. Quando o King Kong alcançava a loura, a equipe estava ganhando. Quando a loura fugia do King Kong, o time estava perdendo.
2. A famosa capa do disco do Chico Buarque com um perfil dele alegre e outro sério. Quando o Chico sério estava virado para frente, o time estava perdendo. Quando o Chico alegre estava visível, o time estava ganhando.
3. Uma corrida com a foto da pessoa e a foto de um bode. Quando o bode estava na frente, a pessoa estava perdendo (estava literalmente "dando bode"). Quando a pessoa estava na frente do bode, ela estava ganhando o jogo.

{ DO ALTO DO PÓDIO }

Veja o exemplo a seguir:

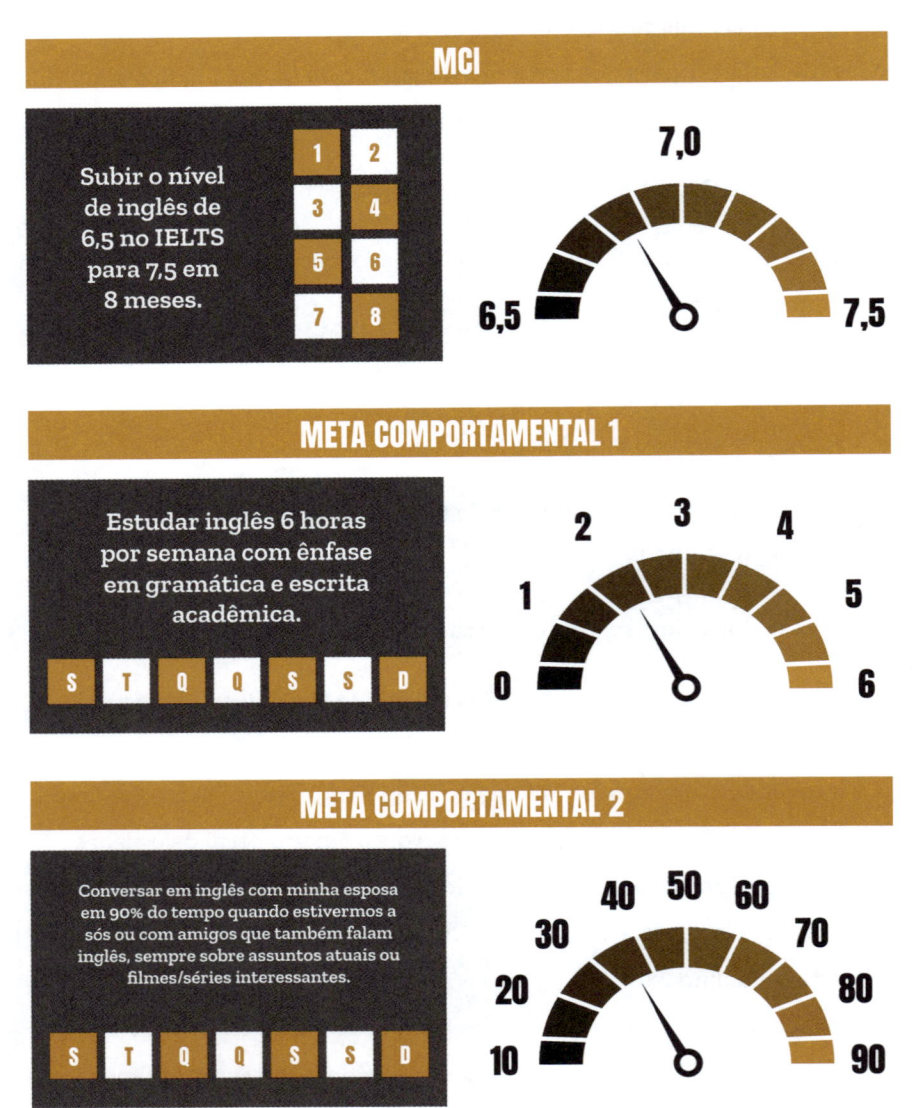

MCI

Subir o nível de inglês de 6,5 no IELTS para 7,5 em 8 meses.

1 2 3 4 5 6 7 8

Medidor: 6,5 — 7,0 — 7,5

META COMPORTAMENTAL 1

Estudar inglês 6 horas por semana com ênfase em gramática e escrita acadêmica.

S T Q Q S S D

Medidor: 0 1 2 3 4 5 6

META COMPORTAMENTAL 2

Conversar em inglês com minha esposa em 90% do tempo quando estivermos a sós ou com amigos que também falam inglês, sempre sobre assuntos atuais ou filmes/séries interessantes.

S T Q Q S S D

Medidor: 10 20 30 40 50 60 70 80 90

Atualize o placar de acordo com os seus rituais diários ou semanais.

CAMINHO 1 • DEFININDO METAS E OBJETIVOS

Assim que comecei a jogar com a Jackie, em 1994, a primeira meta que eu tracei para o circuito americano de vôlei de praia, a AVP, foi ganhar uma única etapa dentre as quatorze que disputaríamos em quatro meses de torneio. Eu sei que a meta pode parecer simplista, mas para mim era uma meta extremamente ousada, já que eu sempre perdia as partidas que eu disputava com a Jackie, apesar de perceber que estava evoluindo a cada jogo. E, naquela época, eu nem pensava em Olimpíada ainda. Sempre fui degrau por degrau.

Na época em que eu fui morar na Califórnia, o melhor vôlei de praia do mundo era jogado lá, as melhores jogadoras estavam lá e eu, "supercrua", havia começado a jogar fazia somente um ano. Eu havia acabado de entrar no ranking brasileiro e ainda estava me adaptando ao esporte, ou seja, aprimorando técnica, preparo físico, compreendendo o jogo e as estratégias, entre outras coisas que precisei assimilar.

Já na Califórnia, as jogadoras não só eram infinitamente melhores do que eu como também mais velhas e experientes. Afinal, elas disputavam o torneio mais elevado de vôlei de praia do mundo.

Eu queria muito evoluir para jogar no nível daquelas jogadoras, mas teria que ser em tempo recorde. Enquanto eu queria apenas ganhar uma etapa e aprimorar o meu jogo, a Jackie já almejava jogar o circuito brasileiro e o mundial, ambos com o objetivo de ganhar pontos para ir para as Olimpíadas. E isso gerava muitos conflitos entre nós, pois tínhamos expectativas diferentes naquele momento, afinal era o início da nossa parceria.

Por isso ter como meta "ganhar um torneio" naquela etapa da minha vida era altamente desafiador. Também não queria ir para a Califórnia jogar simplesmente por jogar. Não queria me acomodar, pois nunca me senti acomodada em minha vida.

Eu cheguei aos EUA sem nenhum recurso. Precisava de tudo. Eu andava com o carro e com a bicicleta da Jackie e morei na casa dela também. Nossa equipe técnica era formada por uma única pessoa, o treinador da Jackie, o Pat Zartman. Treinávamos muito e ainda fazíamos academia, e era a Jackie quem cuidava da parte física.

Precisei desenvolver habilidades que eu não tinha. No vôlei de quadra, você se especializa numa posição e desenvolve habilidades para aquela função. No vôlei de praia, nós temos que fazer de tudo um pouco: sacar, levantar, bloquear, defender. E tem que fazer tudo muito bem-feito. Também precisei desenvolver minha capacidade emocional, pois eu jogaria com a melhor jogadora do mundo. No vôlei de quadra, se você não está jogando bem, há mais cinco jogadores que podem cobrir o seu espaço. Se não está virando bola (termo usado pelos jogadores para fazer o ponto quando recebe o saque), o levantador não coloca bola para você ou o técnico te substitui. Já no vôlei de praia não existe substituição. Se o jogador não está virando bola, você pode ter certeza de que ele será minado no jogo e receberá todas as bolas possíveis do adversário. É um verdadeiro massacre psicológico! Já vi jogadores incríveis que estavam abalados mentalmente durante uma partida e que não conseguiam virar bola, como se fosse um bloqueio mental. No vôlei de praia, os atletas mais regulares ganham o jogo. Eu precisaria desenvolver essa capacidade de lidar com a pressão e a regularidade, pois, jogando ao lado da melhor jogadora do mundo, com certeza a pressão do jogo estaria sobre mim. Além disso, a Jackie era muito perfeccionista, exigente, e a sua forma de me orientar era me cobrando perfeição, me puxando para cima. No meio daquele turbilhão de treinos, emoções, pressão emocional e física, eu ainda tinha clara a minha meta: ganhar uma etapa do circuito AVP.

Também precisei desenvolver a capacidade de compreender o jogo. Vôlei de praia não é simplesmente sacar, defender e atacar. Tem toda uma estratégia por trás disso. Você tem que observar os pontos fracos do adversário e ter a capacidade técnica de usar esses pontos fracos a seu favor. Há jogadores que têm mais facilidade para receber um saque balanceado no meio da quadra do que do lado direito, por exemplo. E nós, jogadores, precisamos ter a habilidade de jogar a bola exatamente do lado que o outro tem mais dificuldade. Algumas vezes esses fatores são analisados fora de quadra, mas em muitos momentos precisamos fazer uma rápida análise durante o jogo para entender os pontos fracos naquela partida.

Essa capacidade de se adaptar rapidamente ao jogo do adversário é fundamental para qualquer atleta de alto rendimento.

Nesses quatro meses em que fiquei nos EUA treinando e jogando a AVP com a Jackie me serviram como um "estágio" forçado para as Olimpíadas. Não tínhamos o controle sobre o resultado final de cada partida, mas ainda assim tínhamos controle sobre o nosso treinamento, pensamentos, emoções, dedicação e trabalho em equipe. Traçar uma meta de ganhar uma partida na AVP para alguém que havia iniciado no vôlei de praia era mais do que desafiador, era uma missão pessoal. Num total de quatorze etapas, eu e a Jackie ficamos diversas vezes na quinta posição, o que é um feito notável para qualquer jogadora da AVP, e ainda fomos campeãs de três etapas (San Diego, Belmar e Milwaukee), duas a mais do que eu havia traçado como meta, sendo que San Diego era considerada a mais importante da AVP naquela época.

Jackie e Sandra comemoram o título conquistado na AVP – 1994

Entretanto, mais importante do que ganhar essas três etapas foi ver a evolução que eu havia conquistado, que ficou notória quando voltamos para o Brasil para jogar o circuito brasileiro e ninguém mais ganhava de nós. Saí da posição de iniciante no vôlei de praia para voltar a ser a primeira do ranking brasileiro. Das quinze etapas de que participamos, chegamos a ganhar doze seguidas, o que foi um feito inédito para qualquer atleta de vôlei de praia, recorde jamais batido até hoje!

Boa sorte na definição das suas metas e objetivos! Atualize sempre o seu placar. Faça questão de ganhar o jogo da sua vida. Ficar acomodado é prazeroso, não podemos negar. Porém o prazer de alcançar cada meta é imensamente maior do que o prazer de não fazer nada. Sandra Pires tinha uma coisa clara eu sua cabeça em 1994: vou ganhar uma partida da AVP. Assim que alcançou essa meta, definiu que iria para as Olimpíadas em 1996 com Jackie Silva. Metas são para serem alcançadas e para nos desafiar. Disciplina, dedicação e sair da zona de conforto doem, mas valem a pena para quem deseja viver uma vida de conquistas!

CAMINHO 2

MOTIVO

"Nosso maior medo não é envelhecermos e não nos lembrarmos mais de quem nós fomos um dia! Nosso maior medo é chegarmos à velhice e percebermos que não fomos quem poderíamos ser!" — Marcelo Sattin

Tudo o que fazemos em nossas vidas é regido pelos nossos motivos. Andar de bicicleta, trabalhar, ter filhos, comprar uma casa, enfim, todas as nossas decisões, ou a falta delas, acontecem devido aos nossos motivos. Os nossos motivos, em sua grande maioria, são conduzidos pelos nossos anseios e momentos de inspiração, que nos impulsionam a superarmos os obstáculos diários.

Dentro desses anseios, podemos destacar dois fatores altamente motivacionais: a dor e o prazer. É a dor de viver o fracasso ou permanecer no *status quo* que fomenta a nossa vontade de ir além e nos arranca da nossa zona de conforto, gerando em nós um sentimento de insatisfação com a nossa atual situação.

Victor Frankl diz que as pessoas encontram motivação e sentido para a vida na busca de evitar a dor por não terem algo. O outro lado da moeda da motivação também diz que a expectativa do prazer que eu vivenciarei ao realizar um projeto de vida também gera motivos para eu sair da frente da TV e fazer algo realmente produtivo. Enfim, as pessoas são movidas pelo medo ou pelo prazer, isto é, elas se movem ou porque estão fugindo de experimentar uma dor, ou estão se movendo em direção ao prazer. Dois profissionais de vendas de uma mesma empresa podem ter motivações diferentes quando analisados sob a luz desta teoria. Um deles pode estar trabalhando altamente motivado, pois veio de uma família pobre e nunca mais quer passar pelas dificuldades que já enfrentou (ele está fugindo da dor, ou seja, se motivando pelo medo de ser pobre novamente). O outro vendedor, também altamente motivado e oriundo também de uma família pobre, pode estar desempenhando a sua melhor performance porque quer ter a vida de abundância que nunca teve (ele está buscando o prazer).

A fórmula perfeita da motivação é quando a insatisfação com o estado atual soma-se à visão que se deseja alcançar. Essa somatória tem que ser maior do que a resistência à mudança. Isso pode ser traduzido na fórmula da mudança criada pelo Dr. Gleicher, que diz o seguinte:

$$M = I * V * P > R$$

M = Mudança (o resultado final desejado).

I = Insatisfação: a mudança só ocorre se a pessoa estiver insatisfeita com o status atual. Se ela acreditar que a vida já está boa, não buscará uma vida ótima. O pensamento "está tudo bem" é o grande vilão contra a mudança. Uma pessoa com 130 quilos que tem colesterol, pressão e diabetes controlados pode muito bem pensar "Está tudo bem, a minha saúde está controlada! Porque eu preciso emagrecer?", ou um profissional que trabalha há anos no mesmo cargo pode pensar "Estou pagando as contas, coloco comida em casa, está tudo bem! Para que eu vou mudar?". Estar insatisfeito com o modo de vida atual é um grande impulsionador para a mudança. Uma vez que a pessoa acredita que uma área da vida dela está bem, por mais que não esteja, ela não terá a percepção dos atuais problemas da realidade.

V = Visão: o ser humano não se move somente por uma grande insatisfação. Ele precisa ter uma visão suficientemente inspiradora de um futuro almejado. Insatisfação sem visão é desesperança. Visão sem insatisfação é somente um inútil conto de fadas, afirma Dr. Gleicher.

P = Primeiros passos: a terceira etapa para a mudança é ter um conjunto de estratégias, ou seja, um conjunto de ações capazes de produzir um grande avanço em direção à sua visão. Não existe uma maratona sem o primeiro passo.

R = Resistência à mudança: é a somatória dos paradigmas, falta de foco, inércia e outros prazeres gerados pelo *"status quo"* que fazem uma pessoa não querer mudar. São as desculpas, o apego ao sofá e ao estilo de vida que levam um ser humano a acreditar que não precisa mudar ou não terá benefícios caso o faça. Um fator muito forte de resistência à mudança é quando o comportamento novo esbarra num valor muito forte. Como exemplo, cito alguém que passou por um processo de coaching comigo que queria melhorar o seu planejamento diário. Começamos a investigar os valores principais dele e identificamos que "liberdade" lhe era muito importante, por isso, ele tinha dificuldade em implementar o novo comportamento, pois, toda vez que planejava o dia, ele acreditava que estava perdendo a liberdade de fazer o que quisesse a hora que quisesse. O valor "liberdade" sabotava o comportamento "planejamento" que ele queria implementar. Portanto, os primeiros passos devem ser implementados com cautela para que não firam seus valores principais. Explicaremos isso no final deste capítulo, quando você compreender melhor os seus próprios valores.

Se um dos fatores dentre I, V e P for zero, a mudança não acontecerá. Aliás, o resultado da equação I × V × P tem que produzir uma energia tão intensa e poderosa que simplesmente dilacere toda a resistência à mudança.

Neste capítulo você fará exercícios que ampliarão a sua consciência em relação ao *status quo*, à sua visão e ao seu propósito. Você compreenderá que aquilo que for realizado hoje terá impacto lá na frente, e não agora, que pode ser positivo ou negativo. Trabalharemos a sua motivação para que você tenha a consciência da dor que viverá a médio e longo prazos se não mudar, mas também o prazer que alcançará se mudar.

Infelizmente o ser humano está acostumado a ter pensamentos de curto prazo e se distrai com pequenos prazeres da vida. Ele quer curtir a vida, aproveitar ao máximo enquanto está vivo, enfim, busca deleites momentâneos e se esquece de olhar para o futuro. No entanto, são exatamente esses deleites que precisamos evitar para não acabarmos numa vida medíocre.

O caminho para a mediocridade é viver o momento sem pensar no futuro. Para uma pessoa que busca perder peso, a sensação de comer uma barra de chocolate é maravilhosa, acolhedora, porém é considerado um prazer, ou seja, é satisfatório somente no curto prazo. Quem nunca fez algo momentaneamente prazeroso, mas que trouxe arrependimento logo em seguida? Quando alcançamos metas que exigem superação, abnegação e disciplina, experimentamos a sensação de felicidade, que não é passageira como o prazer, e sim duradoura e altamente relevante para a nossa realização plena como ser humano. Você com certeza se lembra de uma meta que atingiu na vida e que lhe exigiu total foco, superação e abnegação. Lembrou? Agora tente se lembrar do gosto chocolate que você comeu no ano passado. Lembrou?

Sandra Pires, em suas palestras, diz claramente que não se arrepende de nenhuma festa ou churrasco que deixou de ir para treinar ou descansar nem se arrepende de todo esforço que fez para chegar ao topo. Aliás, você conhece alguém que chegou ao topo de forma honesta, com muito esforço e dedicação, e se arrependeu? Eu não!

Por isso a motivação é tão importante para levá-lo ao alto do pódio. Quando tiver vontade de fazer algo que possa desviá-lo do seu objetivo, pergunte-se: "Como isso me ajudará a alcançar o meu sonho?" Se fizer essa pergunta antes mesmo de assistir a novelas, comer doces compulsivamente, ficar na cama em vez de ir à academia, ficar tempo demais no Instagram, entre outras coisas, provavelmente tomará a decisão mais eficaz para a sua vida.

Gerencie as distrações e adie as pequenas gratificações que lhe roubam seu precioso tempo, coloque foco e energia na sua jornada e veja o quão grandioso você se tornará. O motivo para querer alcançar o seu objetivo tem que ser tão grande a ponto de apagar qualquer outra vontade que possa desviá-lo da sua jornada ao topo do pódio.

AUTOCONHECIMENTO X MOTIVO

Para compreender um motivo e o seu impacto em nossas vidas, precisaremos entender melhor uma competência denominada autoconhecimento.

O autoconhecimento é a capacidade que um indivíduo tem de conhecer seus talentos, suas paixões, suas habilidades, suas crenças, sua missão de vida, seus pontos fortes e suas limitações. Pessoas com essa capacidade sabem quem são e aonde querem chegar. O autoconhecimento é a força que faz uma pessoa realizar o impossível, independentemente de uma eventual condição física desfavorável.

O general, estrategista e filósofo chinês Sun Tzu reforça a importância do autoconhecimento para sairmos vitoriosos em nossa jornada:

> "Conhece teu inimigo e conhece-te a ti mesmo; se tiveres cem combates a travar, cem vezes será vitorioso. Se ignoras teu inimigo e conheces a ti mesmo, tuas chances de perder e de ganhar serão idênticas. Se ignoras ao mesmo tempo teu inimigo e a ti mesmo, só contarás teus combates por tuas derrotas".

O autoconhecimento é o ponto de partida para o sucesso. É uma viagem à sua própria história, ao surgimento dos seus modelos mentais. É compreender como surgiram as suas competências, suas paixões e habilidades. É ser presenteado com a consciência libertadora e decisão absoluta de ser o autor do seu destino, protagonista da sua história.

Quando o ser humano decidir assumir o controle da própria vida, identificar o que realmente importa para ele, compreender e sentir a sua condição de ser único, definir e decidir pelo seu próprio caminho, tendo a certeza a respeito do objetivo que quer alcançar e de como fará isso, ele experimentará uma verdadeira sensação de alívio e regozijo, explica o especialista em comportamento humano Hyrum W. Smith.

COMPONENTES DO AUTOCONHECIMENTO

Uma pessoa sem identidade é uma pessoa sem vida. Existem bilhões de pessoas no mundo e, infelizmente, a grande maioria não conhece a própria identidade. Uma organização que anseia pelo sucesso estipula diretrizes, ou seja, define a sua identidade, o seu propósito de existir, a sua visão de futuro e os valores que fundamentarão essa jornada. Tais fatores definirão a identidade da empresa, isto é, quem ela será no mercado. Da mesma forma, uma pessoa que busca estratégias para alcançar o sucesso pessoal e profissional deve definir e se fundamentar em seus valores, em seu propósito e na sua visão. Esses componentes facilitam o autoconhecimento, definem sua identidade, potencializam a direção a ser seguida e melhoram, e muito, a motivação.

VALORES

Um dos maiores questionamentos da vida é sobre o tema realização plena. O que é realização e o que é preciso para alcançá-la? A realização é um estado de espírito diferente e único para cada indivíduo da face da Terra. Ser realizado está ligado a fazer coisas que dão prazer e felicidade, e cada ser humano tem uma forma única e original de se realizar, de se sentir pleno e feliz.

Muitas pessoas vivem uma vida superficial e deixam de lado fatores que são relevantes e de extremo valor para sua realização. A realização plena é regida por valores, que por sua vez filtram e direcionam as escolhas e as decisões do indivíduo, que geram uma motivação suprema e que produzem a felicidade.

Se "valor" tem tamanha importância, o que ele significa?

Hyrum W. Smith declara que "os valores humanos fundamentais e as opiniões tidas como certas que existiam no alvorecer na civilização formaram a base da qual a humanidade retirou seus melhores instintos e produziu suas maiores obras". Cada ser humano tem esses valores fundamentais enraizados dentro de si. São as suas crenças, suas convicções, suas ideias e seus propósitos. São o que o determina e orienta os comportamentos, os estilos de conduta, conforme graus de importância, considerando como estrutura de base as necessidades mais variadas do indivíduo, buscando satisfazê-las.

Os valores variam de uma pessoa para outra, e, a partir das prioridades dadas aos valores, é possível predizer o comportamento de alguém, pois indicam uma preferência entre o que é importante e o que é secundário. Tais valores, conforme Smith, originam-se de pessoas que influenciaram a formação do indivíduo: família, amigos, sociedade e outros.

Qualquer indivíduo que entre em contato com seus valores alcança a realização e a felicidade, ou seja, um significado profundo que "transcende as motivações básicas exibidas pela humanidade", afirma Smith. Essa é uma busca e uma preocupação do ser humano — por mais que ele tenha sucesso em diversas áreas de atuação, a sua busca é por algo que lhe proporcione profundo significado.

Entretanto, os valores de uma pessoa não são tão fáceis de serem identificados como se imagina. O indivíduo precisará realizar um grande esforço mental para descobrir o que realmente o entusiasma e transformar isso num poderoso e valioso objetivo. É importante ressaltar que não existe resposta certa ou errada para a busca de valores, apenas respostas pessoais e únicas. Para isso, entretanto, você precisa partir numa busca pessoal pelos seus valores governantes.

Valores governantes são todos os fatores que têm maior importância e que trazem sentido e significado para a vida de uma pessoa, que estão enraizados nela ou compõem a pessoa que ela espera se tornar um dia. São as mais altas prioridades da vida de alguém. A capacidade de um indivíduo de conhecer os próprios valores dominantes definirá o nível de autoconhecimento que ele terá de si mesmo.

Além disso, Smith também cita o que ele denomina de "quatro leis naturais a respeito dos valores governantes".

Lei natural nº 1: os comportamentos externos, as decisões e os posicionamentos do ser humano, ele tendo consciência ou não, são altamente influenciados por seus valores governantes. Quando vamos a um shopping, podemos observar uma variedade de pessoas com diferentes valores governantes. Uma mulher que anda com uma calça justa e sapato de salto possivelmente tem como um valor governante "aparência", enquanto outra mulher que anda de bermuda e sandália rasteirinha tem como valor "conforto". Uma pessoa na praça de alimentação comendo um Big Mac tem como um valor governante "prazer imediato", enquanto alguém comendo somente uma salada tem como valor "saúde". Em resumo, somos regidos por valores e nos comportamos de acordo com eles.

Lei natural nº 2: o indivíduo, por ter uma grande tendência natural a praticar ações congruentes com seus profundos e enraizados valores governantes, sente-se desconfortável quando pratica ações divergentes.

Lei natural nº 3: ao identificar e esclarecer seus valores governantes, o indivíduo poderá acessar o poder para aumentar a sua capacidade pessoal.

Lei natural nº 4: a "paz interior acontece" com a harmonia entre os valores governantes e os comportamentos de uma pessoa. Uma pessoa pode não ter conhecido a verdadeira "paz interior", uma vez que um comportamento seu está sendo conduzido por valores "prejudiciais" ou que não estejam alinhados com os seus. Alguém cujo valor seja "honestidade" não se sentirá em paz se trabalhar numa empresa que faz esquemas desonestos. Por outro lado, as pessoas serão mais felizes trabalhando em empresas cujos valores organizacionais estão alinhados com os seus valores pessoais, aumentando o comprometimento e a motivação proporcionalmente ao nível de alinhamento desses valores. A mesma coisa acontecerá com relacionamentos entre pessoas de valores semelhantes.

E qual é a relevância de buscar conhecer os valores governantes? Primeiro, você conseguirá discernir o que é realmente importante e significativo para a sua vida. Segundo, grande parte dos nossos comportamentos são regidos por esses valores, o que lhe dará uma grande consciência sobre a sua forma de agir em determinadas situações. E finalmente, você pode tomar decisões com base em seus valores, e isso lhe trará felicidade. Um exemplo disso é na hora da escolha da empresa em que irá trabalhar ou mesmo da atividade a ser realizada, pois os valores das organizações afetam diretamente o seu modelo de gestão e, consequentemente, o dia a dia das pessoas no trabalho, como conclui Claudio Queiroz, autor e professor sobre comportamento humano.

É importante ressaltar também que, dependendo do momento de vida, a prioridade de valores mudam drasticamente. Uma pessoa pode começar a valorizar mais a família após um acidente em que quase morreu, como foi o caso de Ric Elias, passageiro do voo que pousou sobre o rio Hudson em 2009.

{ CAMINHO 2 • MOTIVO }

DESCUBRA AGORA OS SEUS VALORES

Se fosse mudar de país, quais cinco coisas gostaria de levar com você? Priorize-as por ordem de importância.

_____
_____
_____
_____
_____

Que atividades considera de grande importância (na vida e no trabalho)?

_____
_____
_____
_____
_____

O que você faz atualmente de que realmente gosta (na vida e no trabalho)?

_____
_____
_____
_____
_____

O que você faz atualmente de que não gosta (na vida e no trabalho)?

_____
_____
_____
_____
_____

O que você faz quando está no seu melhor momento?

_____
_____
_____
_____
_____

O que você faz quando está no seu pior momento?

_____
_____
_____
_____
_____

Baseando-se nas respostas dos exercícios anteriores, leia os valores da lista a seguir.

LISTA DE VALORES, CRENÇAS E CARACTERÍSTICAS PESSOAIS

abundância	arte	curiosidade	competição	eficácia	família
aceitação	assertividade	dependência	complexidade	eficiência	fé
atividade	atraente	desafio	compostura	elegância	fortaleza
adaptabilidade	ousadia	descoberta	compromisso	empatia	vencer
afetividade	destemor	realçar	consciência	encanto	liberalidade
agilidade	autocontrole	determinação	conexão	ensinar	gratidão
agressividade	respeito próprio	diferença	confiança	diversão	habilidade
alegria	aventura	dignidade	congruência	entusiasmo	heroísmo
alerta	beleza	diligência	conhecimento	equilíbrio	humor
altruísmo	bondade	dinheiro	controle	espiritualidade	independência
benevolência	bem-estar	disciplina	convicção	espontaneidade	influência
ambição	qualidade	discrição	cooperação	estabilidade	inspiração
amizade	mudança	provisão	coragem	excelência	inteligência
amor	caridade	diversão	criatividade	sucesso	intensidade
valorização	ciência	domínio	crescimento	experiência	sexualidade
aprender	conforto	educação	poder	extroversão	silêncio
harmonia	compaixão	natureza	popularidade	fama	solidão
risco	liberdade	otimismo	pragmatismo	reconhecimento	solidariedade
introversão	realização	orgulho	preparação	resistência	superação
intuição	longevidade	originalidade	privacidade	respeito	trabalho em equipe
invenção	maturidade	passividade	proatividade	responsabilidade	
justiça	casamento	perfeição	profissionalismo	sacrifício	tranquilidade
juventude	modéstia	perseverança	prosperidade	satisfação	coragem
lealdade	motivação	pessimismo	pureza	segurança	verdade
realismo	voluntariado	prazer	racionalidade	sensualidade	vigor

Agora escolha os dez valores mais importantes para você e escreva-os a seguir.

1. _____
2. _____
3. _____
4. _____
5. _____

6. _____
7. _____
8. _____
9. _____
10. _____

Circule os cinco valores mais importantes e coloque-os em ordem de importância, sendo 1 o mais importante e 5 o menos importante.

1. _____   4. _____
2. _____   5. _____
3. _____

Transcreva os seus valores para a página 185.

> *Caso queira conhecer um pouco mais dos seus valores e motivadores profissionais, acesse o QR code e faça uma autoavaliação chamada Âncoras de Carreira, extraída do livro Career Anchors, de Edgar H. Schein, e adaptada para administração de recursos humanos pelos professores Joel Souza Dutra e Lindolfo Albuquerque.*

Essa autoavaliação lhe ajudará na percepção a respeito de suas motivações e seus valores na carreira. Preencha-a e, se possível, peça para alguém preencher para você também, para que tenha uma segunda percepção sobre si mesmo, deixando a avaliação ainda mais realista.

Bronnie Ware, enfermeira que cuidou de pacientes terminais, pesquisou e descreveu os cinco maiores arrependimentos vividos por eles. Eles demonstram alguns valores governantes do ser humano como originalidade, vida balanceada, coragem e amizade.

1. "Eu gostaria de ter tido a coragem de viver a vida que eu quisesse, não a vida que os outros esperavam que eu vivesse".
2. "Eu gostaria de não ter trabalhado tanto".
3. "Eu queria ter tido a coragem de expressar meus sentimentos".
4. "Eu gostaria de ter ficado em contato com meus amigos".
5. "Eu gostaria de ter me permitido ser feliz".

Você se atentou a esses detalhes na hora de responder sobre os seus valores? Esses valores são muito importantes para uma grande maioria e não vivenciá-los pode levá-lo a um arrependimento futuro. Se precisar repensar alguns valores baseando-se nessa informação, fique à vontade para fazer qualquer alteração que precisar.

Se há uma dica importante sobre o tema valores, é esta: viva pelos seus valores e aceite e respeite os valores dos outros. Somos todos diferentes, numa combinação infinita, e aceitar que os demais possuem valores diferentes dos seus o fará muito mais feliz, realizado e ter melhores relacionamentos durante a sua jornada ao alto do pódio.

Transcreva agora os seus valores para o Capítulo 5 deste livro, nas páginas 184 (valores profissionais) e 186 (valores pessoais), nas áreas destinadas aos valores.

{ DO ALTO DO PÓDIO }

Sempre tive meus valores muito bem definidos e não abro mão deles por nada neste mundo! Aliás, parece que tem uma sirene que grita dentro de mim toda vez que eu penso em ir na contramão de algum valor meu.

Alguns valores muito fortes para mim, como disciplina, realização, excelência, meritocracia e desafio, foram os grandes responsáveis por me levarem ao topo do vôlei de praia. Eu também tenho outros valores governantes, como bem-estar, família, integridade, que também são muito fortes nas minhas decisões diárias. Mas meu ponto é que ninguém chega a lugar nenhum se não tiver como valores governantes disciplina, excelência, desafio e realização. Eu não falo isso porque esses são os meus valores. Falo isso pois eles são importantes em qualquer área da vida, em qualquer profissão.

Acredito que uma mãe que não é disciplinada para cuidar da própria saúde, para alimentar e educar o filho não vai nunca conseguir ser uma mãe excelente. Um profissional que não for excelente no trabalho não conseguirá alcançar seus objetivos dentro da organização. Uma pessoa que não valoriza desafios nunca crescerá o suficiente para chegar ao topo do pódio. Ninguém cresce ficando na zona de conforto. Aliás, a zona de conforto é o maior assassino de sonhos que existe. A zona de conforto é a maior prisão que existe, não possui grades, guardas, paredes, nada, somente uma mesa, um sofá e um toque de conformismo que faz com que as pessoas não vejam as oportunidades que estão ao redor delas, de querer ser mais, de subir mais alto, de olhar o mundo por cima. Ao contrário, a zona de conforto faz com que olhemos o mundo e pensemos "está tudo bem, não preciso mudar". Enquanto você não muda, você vê seus sonhos indo embora, seu casamento desmoronando, seu subordinado virando seu chefe... você vê a vida se esvaindo pelas suas mãos.

E quando decidiremos mudar? Quando estivermos velhos e tivermos deixado para trás todo o futuro que poderíamos ter? Ou quando percebermos que a vida chegou ao buraco e não tem como ela ir mais para baixo? A hora de mudar é todo dia, toda hora. Se eu continuar sendo a Sandra que ganhou a medalha olímpica, não terei futuro neste planeta. Minhas medalhas me ajudam, sim, a abrir algumas portas, mas é só isto que elas fazem, abrir portas. Sou eu quem preciso entrar e fazer o que precisa ser feito para que a Sandra Pires não fique enterrada no passado como muitos outros atletas. Preciso estudar! Preciso me atualizar! Minhas medalhas não farão isso por mim!

E hoje o que permanece são os meus valores, os meus sonhos e o meu propósito. Continuarei fazendo as coisas de forma excelente, me desafiando, sendo disciplinada em meus afazeres e estudos, pois aprendi a amar esses valores, afinal eles me deram tudo o que eu tenho. E você, já aprendeu a amar a disciplina, a excelência, a realização, o desafio de uma forma tão forte que, se um dia você andar na contramão desses valores, se sentirá infeliz e incomodado? Se sim, ótimo! Se não, aprenda a amá-los urgentemente, e então nos encontraremos no topo de pódio.

Sandra durante treino técnico – 2004

PROPÓSITO DE VIDA

"[...] cada manhã, quando o despertador toca, temos uma nova oportunidade de fazer o que queremos com as horas a nossa frente, recebemos essa lousa nova, sem nada escrito, todos os dias de nossa vida, posso ter ainda dez, vinte, trinta anos de vida. Como usar esse tempo? Por mais divertido que seja fantasiar sobre uma segunda chance neste planeta, nós dois sabemos que não vamos tê-la. A questão, então, é: O que vou fazer com o resto da minha vida? Vou continuar a me enganar, achando que algum dia terei tempo para fazer algumas das coisas que realmente são importantes para mim? Na verdade, isso nunca acontecerá, a menos que eu decida que esse dia é hoje" —Hyrum W. Smith.

Você já parou para pensar nos objetos que existem no planeta terra? Todos eles foram criados com um propósito. Este livro foi feito para ser lido. O carro foi criado para transportar e, de vez em quando, alimentar os egos mais elevados. A cadeira foi criada para acomodar uma pessoa. Tudo, sem exceção, foi criado com um propósito. E você foi criado com qual propósito? O que você fará com o resto da vida que lhe sobra? O que você está fazendo neste planeta? A resposta não pode ser "estou aqui para ser feliz", afinal todos nós estamos aqui para isso! A resposta a essa pergunta deve refletir o que você deseja realizar e que trará significado para a sua vida aqui neste planeta, a sua contribuição única para as pessoas ao seu redor.

Pessoas que possuem um forte senso de propósito pessoal se caracterizam pela consciência sobre o que necessita ser realizado e sobre seus desejos, alinham seus objetivos com suas tarefas e as realizam com foco e paixão.

O propósito é uma identidade profunda, motivadora e que revela a vocação de um indivíduo, tornando-se a razão da existência de uma pessoa. É o fator de orientação desta pessoa para escolher, baseada num profundo desejo, o próprio caminho e trilhá-lo até o final. É o que dá significado à vida.

A história de sucesso da equipe Hoyt explica a importância do propósito de vida para a motivação. Dick e seu filho Rick Hoyt criaram uma das maiores histórias de motivação e superação de todos os tempos. Rick, em seu nascimento, ficou com o pescoço preso no cordão umbilical e, devido à falta de oxigenação no cérebro, teve tetraplegia espástica com paralisia cerebral.

Os médicos diagnosticaram que Rick se tornaria um vegetal, informação esta que foi ignorada pelos pais. Os pais perceberam que o garoto, apesar das limitações físicas, possuía uma boa capacidade mental. Começaram então a ensinar o alfabeto e outras coisas mais a Rick, que, aos doze anos, começou a se comunicar por um computador especial, que fazia a leitura de seus movimentos de cabeça em conjunto com a sua cadeira de rodas especial. Suas primeiras palavras foram "Go, Bruins!", referindo-se ao Boston Bruins, que disputava as finais daquela temporada.

Rick foi admitido, aos treze anos, na rede pública de ensino e, em 1993, se formou em Educação Especial pela Universidade de Boston.

Dick Hoyt seguiu carreira militar por 37 anos e se aposentou como tenente-coronel da Força Aérea Nacional em 1995.

A vida esportiva da equipe Hoyt iniciou-se em 1977 quando, a pedido do filho, Dick foi participar de uma corrida em prol de um atleta que ficou paralítico. A corrida de cinco milhas seria percorrida pela dupla Hoyt, e Dick, mesmo não sendo um corredor de longas distâncias, correria empurrando o filho num carrinho especial. Quando todos acharam que a equipe Hoyt não terminaria a prova, eles concluíram a competição em penúltimo lugar. Dick comentou que, durante a prova, era ele quem se sentia um inválido.

Até hoje, a dupla Hoyt participou de mais de 1.000 provas, sendo 216 triátlons, 6 provas de Ironman (uma prova de Ironman é composta de 3,8 km de natação, 180 km de ciclismo e 42 km de corrida, no mesmo dia) e mais de 70 maratonas.

A grande pergunta é: o que leva um senhor de sessenta e poucos anos correr uma prova altamente exaustiva empurrando um carrinho especial ou nadar puxando um barco com uma pessoa dentro? O que motiva um ser humano a correr uma maratona ou uma prova de Ironman, provas desgastantes e que pouquíssimas pessoas no mundo correriam? A resposta é simples: propósito de vida.

Após a primeira corrida, seu filho lhe disse uma frase que mudaria a história da família e a tornaria um grande referencial de motivação, garra e força. Rick comentou: "Papai, quando você corria eu me sentia como se não fosse mais um portador de deficiência".

A partir daquele momento, Dick Hoyt criou um propósito de vida muito além do que ganhar dinheiro ou trabalhar para sustentar a família. Dick corria com seu filho porque era a única forma de tornar Rick uma pessoa normal, sem deficiências. Era esse o motivo que fazia Dick arrastar barcos por quilômetros no mar, correr 42 km e pedalar 180 km em um dia. A vida dele agora possuía um propósito, algo nobre e que Dick valorizava. Posso arriscar a entrar na cabeça de Rick e ouvi-lo dizer que o propósito de vida dele era "gerar a melhor vida que o meu filho pode ter, dando a ele a chance de ser uma pessoa extraordinária". Acredito que era esse o pensamento que passava pela cabeça desse coronel aposentado e que fazia com que ele se superasse a cada dia.

Quando perguntam a Rick sobre algo que ele desejava muito dar ao pai, a resposta foi: "A coisa que eu mais gostaria de fazer por meu pai é sentá-lo em uma cadeira e eu poder empurrá-lo com minhas forças".

Veja a história desta incrível família aqui e emocione-se com a força de um propósito de vida.

Um propósito de vida inspirador! Esse é um dos fatores que o ser humano precisa para ser extraordinário e superar a condição humana e as suas limitações todos os dias. Qualquer pessoa pode e deve ter um propósito para a vida.

Victor Frankl diz que não inventamos o nosso propósito de vida, mas, sim, o detectamos. E não existe uma idade específica para descobrir o seu propósito. Neste mundo competitivo e capitalista, no qual as pessoas correm todos os dias atrás de dinheiro e riquezas, há sujeitos que nunca descobriram seu propósito e que nunca o descobrirão. O propósito de vida dá sentido ao trabalho diário.

Uma vida sem propósito é uma vida sem alegria. Infelizmente, grande parte das pessoas só sente falta do propósito quando se aposenta. É o momento em que olham para as próprias vidas e refletem sobre o quanto trabalharam, quanto dinheiro ganharam, mas percebem que não fizeram nada que tivesse significado para elas.

Crie um propósito empolgante e nobre para a sua vida. Não passe um dia a mais sem entender o significado da sua vida e o motivo pelo qual você foi colocado neste planeta. Como fator motivador, o propósito nos impulsiona a sermos pessoas melhores em todas as áreas.

Seguem alguns exemplos de propósito de vida para o inspirarem:

"Ser excelente pai e líder, atuando com simplicidade e integridade e inspirando as pessoas ao meu redor a serem melhores e mais produtivas".

"Tornar-me uma pessoa excepcional, sendo referência de perseverança e alegria para as pessoas que me rodeiam".

"Inspirar as pessoas por meio da minha liderança e do meu exemplo de vida. Ser um bom pai e viver com intensidade e saúde, sem ferir a integridade dos outros".

Paul Stoltz também ressalta que, quanto mais nobre for o seu propósito, mais motivado você se tornará. Grande parte da humanidade tem a capacidade de se superar, e até mesmo arriscar a vida, perante um desafio nobre. O filme *Na Montanha dos Gorilas* trouxe à tona o propósito inspirador de Dian Fossey, zoóloga reconhecida pelo seu trabalho científico e de defesa dos gorilas das Montanhas Virunga, em Ruanda e no Congo.

Após anos de observação dos gorilas-das-montanhas, Fossey conquistou tamanha confiança dos gorilas que podia sentar-se entre eles e até mesmo brincar com os mais jovens.

Quando Digit, seu gorila preferido, foi morto por caçadores para suas mãos serem utilizadas para fazer cinzeiros, Fossey rapidamente iniciou uma campanha contra a atividade. Seus discursos, infelizmente, tornaram-na um alvo da violência por parte dos caçadores furtivos e dos corruptos integrantes do exército do Ruanda. Em 1985, Dian Fossey foi encontrada morta — assassinada — em sua cabana. O propósito de Fossey de ajudar os gorilas era tão nobre que ela não se incomodou em se arriscar e até mesmo perder a vida nessa tarefa.

É importante revisitarmos nosso propósito de vida constantemente para saber o quão nobre ele é e se estamos ou não vivendo por ele. Gosto de citar a história do corredor que, sem perceber, corria com a tocha apagada na mão em direção à pira olímpica até que alguém o alerta. Isso acontece conosco muitas vezes quando estamos trabalhando muito ou estamos envolvidos em muitos projetos e nem percebemos que estamos correndo com a nossa tocha apagada. Por isso é importante avaliarmos constantemente se estamos vivendo alinhados com nosso propósito ou não, para mantermos a nossa tocha sempre acesa.

《 CAMINHO 2 • MOTIVO 》

Eu vim de uma família simples que lutou muito para conquistar um espaço neste planeta. Meu pai acordava cedo para fazer um trabalho que ajudava a pagar as contas e a trazer um pouco de conforto para a nossa casa. Minha mãe cuidava dos dois filhos que tinha, e essa era a forma dela de contribuir para a nossa educação e nosso futuro. Eles deram duro para que eu me tornasse quem eu me tornei. Quantos jantares em restaurantes meu pai evitou com minha mãe para que eu e meu irmão pudéssemos ter um par de tênis ou até mesmo transporte para os meus locais de treino? Quantas vezes ele se submeteu a fazer algo que ele não gostava no trabalho por saber que havia uma família que dependia dele? Não tenho ideia de todas as coisas de que meu pai e minha mãe abriram mão para proverem o necessário para a nossa educação e bem-estar. Só sei que eles fazem parte do nosso sucesso.

Sem filhos, é possível tomar decisões mais livremente, mas quando há pessoas que dependem de você, as decisões são mais difíceis e nunca devem ser tomadas pensando somente em você. Quantas vezes meu pai abriu mão do conforto, de ficar com os pés para cima no sofá e da TV após o trabalho só para ir me buscar no ponto de ônibus após o treino porque era muito perigoso eu voltar sozinha? Às vezes acho que seria mais fácil ele dizer que eu não iria treinar e ponto-final. Muitos pais fazem isso!

Também quero enfatizar que cresci num bairro simples, com pessoas simples que acordavam todos os dias cedo para ir trabalhar duro. Muitas delas pegavam duas conduções lotadas para ir trabalhar e voltavam tarde da noite após um dia de muito calor no Rio de Janeiro. Só quem pegou um ônibus lotado ao meio-dia aqui, com 38 °C de temperatura, sabe o que é isso. É uma panela de pressão prestes a explodir. E tudo isso para, em grande parte, fazerem um trabalho que não gostam e muito menos lhes dá algum senso de realização.

Eu imaginava essas pessoas acordando todos os dias pela manhã e desejando ficar mais cinco minutinhos na cama, mas tendo que levantar para trabalhar e pagar as contas. E todo dia era esta luta para acordar e levantar para ir ao trabalho, simplesmente porque "precisavam" fazer isso. E todos os meses as contas voltavam por baixo da porta para serem pagas novamente. Como alguém vai se dar bem na vida fazendo algo que odeia e não porque quer, mas, sim, porque precisa?

Essa imagem me martirizava todos os dias e me fazia pensar que eu não queria nada daquilo, nem para mim nem para a minha família.

Eu queria fazer algo que me desse prazer, pois sabia que faria aquilo por muito tempo. Eu não queria "ter" que sair da cama porque precisava. Eu queria "desejar" sair da cama para fazer algo em que eu acreditasse e que me desse prazer!

Quando decidi entrar para a vida de atleta, aos quatorze anos, eu sabia o que eu queria e o que eu não queria para o resto da minha vida. Cada vez que eu pisava numa quadra, eu pisava porque queria estar ali. Nunca precisei jogar uma partida de vôlei na minha vida. Eu queria jogar! Quando "queremos fazer algo" em vez de "precisarmos fazer algo", nos colocamos como protagonistas, e não como vítimas, da nossa própria vida. Eu acordava cedo, treinava muito, viajava, fazia dieta balanceada porque eu "queria" ter a melhor performance. Esse tipo de pensamento me levava a fazer coisas que seriam um sacrifício para muitas pessoas, mas para mim seriam um investimento. Cada coisa que eu fazia, como ir diariamente à academia mesmo cansada ou deixar de comer algo que me tirasse da dieta pré-jogo, não era vista como sacrifício, e sim como um investimento na minha performance.

Quero compartilhar alguns pensamentos que vinham à minha cabeça e que me motivavam a fazer o meu melhor todos os dias e a chegar aonde eu cheguei.

O primeiro desses pensamentos é que eu queria ser motivo de orgulho para a minha família. Queria que eles olhassem para mim e dissessem "ela conseguiu". Como a vida da minha família foi muito difícil, queria que eles tivessem o privilégio de ver a prole sendo alguém na vida, conquistando grandes realizações, fazendo coisas que ninguém jamais havia feito.

{ CAMINHO 2 • MOTIVO }

O prazer de um pai e de uma mãe é falar do que o filho ou filha faz bem-feito! Quando o filho ou a filha torna-se alguém na vida, eles enchem a boca para falar "meu filho é médico", "minha filha é advogada"... e eu queria que eles enchessem a boca para falar de mim. Queria que eles pensassem que todas as vezes em que abriram mão de alguma coisa por mim valeram a pena!

A segunda coisa que eu tinha em mente quando pisava numa quadra é que eu queria inspirar as pessoas a chegarem a seus objetivos. Sempre acreditei que se uma pessoa fizer o que ama, fizer o seu melhor todos os dias (dou ênfase para "todos os dias", pois precisa ser todos os dias), essa pessoa chegará aonde ela quiser. Eu queria mostrar isto para as pessoas: se eu cheguei ao topo, todos que usassem o seu talento, fizessem o que amam e se dedicassem ao máximo todos os dias poderiam chegar também. Eu queria inspirar as pessoas a chegarem ao topo!

A terceira e última coisa que me motivava era ver o mundo do topo do pódio! Eu queria estar lá em cima, no lugar mais alto. Eu sabia que seria maravilhoso chegar aonde poucas pessoas conseguem, fincar a bandeira onde ninguém tinha fincado ainda. O segundo lugar no pódio de uma grande competição é gostoso, preciso confessar, mas o primeiro lugar é muito melhor! Eu queria deixar a minha marca estampada para que todos soubessem que eu estive ali. Eu tinha claro em mente que a minha vida era muito curta para que eu passasse desapercebida por ela. Eu não queria ser mais uma pessoa invisível no meio da multidão e sabia que precisaria lutar para isso — e é o que tenho feito a vida inteira.

Sandra com seus pais (Arnaldo e Norma Pires) recebendo o prêmio que incluiu seu nome no Hall da Fama do Volleyball – 2014

{ DO ALTO DO PÓDIO }

Crie agora o seu propósito de vida antes de seguir com o livro. Se você não o fizer agora, há uma enorme chance de não o fazer depois. Sugiro colocar uma trilha sonora tranquila, que o ajude a refletir sobre o seu propósito.

Nesta etapa, identificaremos o propósito para cada área importante da sua vida.

{ CAMINHO 2 • MOTIVO }

ETAPA 1

1. Escreva na sua linha do tempo todos os momentos importantes que você já viveu, todas as vezes que fez a diferença na vida de alguém, que deixou um legado positivo na vida das pessoas ao seu redor. Escreva, em ordem cronológica, desde o dia em que nasceu até a data de hoje. Use uma linha para escrever os acontecimentos da sua vida pessoal e outra para a vida profissional.

LINHAS DO TEMPO

Pessoal

Nascimento — Hoje

Profissional

Nascimento — Hoje

Veja o vídeo que a Malwee fez, chamado "Atitudes do bem", que pode inspirá-lo a escrever os seus momentos mais marcantes.

2. **Identifique até seis papéis-chave que você ocupa na sua vida pessoal e profissional.** O papel-chave é a função/propósito que você exerce em determinada área. Eu, atualmente, exerço papéis-chave como: marido, professor, empresário, filho, irmão, discípulo, amigo e outros. Descreva os seus e, em vez de usar o nome tradicional do papel-chave, crie também um nome que o inspire a realizá-lo com excelência. Seguem alguns exemplos de nomes inspiradores:

- **Papel-chave 1:** marido.

- **Nome inspirador para "marido":** companheiro inseparável da Sibele; marido apaixonado.

- **Papel-chave 2:** pai

- **Nome inspirador para "pai":** melhor amigo do Henrique e da Juliana; exemplo de vida para o Rafa.

- **Papel-chave 3:** gestor

- **Nome inspirador para "gestor":** gestor inspirador apaixonado por servir.

CAMINHO 2 • MOTIVO

PAPEL-CHAVE (Coloque o nome tradicional do papel-chave e um nome inspirador)	Dentre 7 bilhões de habitantes neste planeta, por que você acha que Deus o escolheu para desempenhar este papel? Como Deus espera que você contribua neste papel?	Quem eu mais influencio neste papel? (**pode** ser mais de uma pessoa)	O que eu gostaria que essas pessoas dissessem de mim (minhas ações, desempenho, resultados, conquistas)?	Duas coisas práticas que eu posso fazer para alcançar esse papel
Tradicional: Jogadora **Inspirador:** Atleta inspiradora e dedicada	Ajudar a inspirar as pessoas através de foco e dedicação, e mostrar que é possível alcançar todos os seus sonhos.	Jogadores, atletas, apaixonados por esporte.	Você me inspirou a buscar os meus sonhos e a lutar por aquilo que eu acredito. Você me provou que é possível ser uma mulher independente, vitoriosa e feliz!	1. Treinar todos os dias 2. Estudar estratégias das minhas adversárias
Tradicional: **Inspirador:**				
Tradicional: **Inspirador:**				
Tradicional: **Inspirador:**				
Tradicional: **Inspirador:**				

Transcreva com você gostaria de ser reconhecido em seu papel profissional para a página 185.

ETAPA 2

Vamos agora identificar o seu propósito de vida geral, o seu significado para estar neste planeta. Para isso, passaremos por quatro passos que podem, a princípio, parecer repetitivos, mas no fundo são uma investigação profunda para identificar as suas motivações mais enraizadas.

PASSO 1

Qual impacto ou contribuição você tem feito sendo quem você é?

_____
_____
_____
_____
_____
_____
_____

Que impacto ou contribuição você pode fazer?

_____
_____
_____
_____
_____
_____
_____

{ CAMINHO 2 • MOTIVO }

PASSO 2

Você acaba de ganhar 50 milhões de dólares na loteria (livres de impostos).

1. Como a sua vida e o seu trabalho mudariam? O que você mudaria no mundo?

_____
_____
_____
_____
_____
_____
_____

2. Resuma isso em uma sentença explicando por que você faz o que você faz.

_____
_____
_____
_____
_____
_____

3. Releia a sua sentença e explique por que você faz o que faz.

_____
_____
_____
_____
_____
_____

4. Com base na resposta 3, responda o porquê.

_____
_____
_____
_____
_____
_____

5. Com base na resposta 4, responda novamente o porquê.

_____
_____
_____
_____
_____
_____

PASSO 3

No seu aniversário de 80 anos, alguém se levanta e inicia um marcante discurso que faria você se sentir orgulhoso e importante. O que ele diria a seu respeito e sobre as suas contribuições? O que mais gostaria que as pessoas que estivessem ouvindo lembrassem sobre você? Descreva o discurso que esta pessoa faria.

_____
_____
_____
_____
_____
_____
_____
_____
_____

PASSO 4

Revise o que você escreveu sobre o que é mais importante para você. Você reconhece algum padrão ou alguma ideia que aparece conwstantemente, mas de diferentes maneiras? Resuma esse padrão ou ideia em uma sentença ou duas.

Meu nobre propósito é... _____
_____
_____
_____

{ DO ALTO DO PÓDIO }

_____
_____
_____
_____

Transcreva o seu propósito de vida para a página 187.

Como eu posso viver o meu propósito de vida na minha vida pessoal e profissional todos os dias?

_____
_____
_____
_____
_____
_____
_____

Agora que você tem o seu propósito de vida em mente, vamos para um outro conceito que lhe trará bastante motivação, chamado Visão de Futuro. A sugestão é que você medite a respeito do seu propósito de vida diariamente, o que lhe trará um senso de prioridade e foco nas suas tarefas diárias.

O QUE É VISÃO DE FUTURO

> "[...] esquecendo-me das coisas que para trás ficam e avançando para as que diante de mim estão, prossigo para o alvo [...]". — Bíblia Shedd

Não existe mágica no mundo que possa fazer você viajar no tempo, mas há uma mágica simples que todo mundo pode fazer. Ela se chama *visão de futuro*.

Visão de futuro pode ser descrita como a projeção e visualização de uma meta a ser alcançada. É a foto da meta alcançada. É visualizar o futuro no momento mais incrível da sua vida, aquele em que você alcança o objetivo estabelecido.

Ter uma visão de futuro clara proporciona energia à busca do seu projeto de vida, ajuda na criação de uma estratégia para alcançar o seu objetivo e fortalece o foco. Para criar uma visão de futuro estimulante e empolgante, é preciso pensar em um objetivo — pode ser um novo trabalho, a compra de um bem, a solução de um problema ou até mesmo objetivos pessoais. O objetivo idealizado primeiramente é mentalizado pelo cérebro, e depois, sim, será concretizado.

Como todo projeto tem a sua linha de chegada, o ser humano precisa saber aonde ele quer chegar com o seu projeto de vida. Lembre-se de que, como o objetivo traçado, a visão tem que ser desafiadora, ambiciosa e ao mesmo tempo possível de ser realizada, estimulando o crescimento e desenvolvimento do indivíduo durante a trajetória.

Imagine um grande rio à sua frente. Imagine, então, que o seu sonho está situado na outra margem, bem distante de você. Esse ponto será a sua linha de chegada. Se sabemos aonde queremos chegar, é como se, do outro lado da margem, a imagem de um futuro legal ficasse acenando para nós do lado de cá, e nos motivando a atravessar o rio e chegar lá. Visualizar o sonho é o que chamamos de visão de futuro. O rio vai tentar nos puxar, a correnteza vai querer nos arrastar e nos afastar do nosso destino, nos levar para outro ponto. No entanto, se você se apegar com firmeza à sua visão de futuro, terá forças para atravessar o rio e saberá exatamente a que ponto da margem chegará.

Então, olhe bem para a outra margem. Visualize seus sonhos acenando pra você. Segure firme na corda e pule na água. Esta é a melhor maneira de se apostar no amanhã!

> *Veja o vídeo que a Samsung fez sobre a importância de sonhar e ter uma visão de futuro, e inspire-se na hora de criar a sua visão de futuro.*

Para criar uma visão de futuro, é preciso escrever um projeto de vida de no mínimo cinco anos que inclua: vida profissional, propósito de vida, bens materiais, vida pessoal e outras atividades que sejam relevantes para você. A fim de fortalecer ainda mais a sua visão de futuro, no momento de formulá-la, é altamente recomendado a descrição em detalhes da sua vida, como tipo de função, local onde quer morar, tipo de vida que quer ter, cor da casa dos sonhos, além de incrementar com indicadores e objetivos claros que esteja perseguindo.

E a melhor forma de compreender a força de uma visão de futuro é experimentando. Defina um objetivo ousado que você gostaria muito de alcançar em cinco anos nas áreas pessoal, profissional, financeira e outra que queria acrescentar. Reflita sobre como seria a sua vida se você alcançasse esse objetivo. Imagine agora duas pessoas: você do presente (como está agora), e o você do futuro (daqui a cinco anos, vivendo uma vida idealizada após realizar os seus projetos). Imagine que você recebeu uma carta do futuro e o remetente é "você do futuro". Ele lhe descreve como está a vida com os projetos realizados. Como seria essa carta? Pegue uma folha, ou utilize o espaço a seguir, e descreva-a com os detalhes importantes para você.

MINHA VISÃO DE FUTURO IDEALIZADA
(CRIANDO UMA VISÃO QUE O MOTIVE A BUSCÁ-LA)

Projete-se dez anos no futuro. Imagine o que você mais gostaria que lhe acontecesse. Imagine que o seu "eu" do futuro está lhe enviando uma carta descrevendo como seria o seu futuro idealizado. O que essa carta conteria? Escreva-a aqui e descreva todos os pontos abaixo.

- Seu trabalho e suas responsabilidades.
- As pessoas com quem você se relaciona.
- Suas posses mais importantes.
- Quem você se tornou.
- O que você faz com o seu tempo livre.
- Quais são as suas atividades de lazer.
- As suas viagens.
- Como está a sua família.
- Qual legado você tem deixado.

Olá _____, estou lhe escrevendo do ano 20____. Você já está com _____ anos de idade. Estou enviando esta carta para alertar sobre... _____

_____
_____
_____
_____
_____
_____

CAMINHO 2 • MOTIVO

Tão importante quanto descrever uma visão de futuro idealizada é criar uma visão de futuro real, que nos mostre qual será o nosso futuro caso não mudemos nossos comportamentos. Esse futuro deverá inspirá-lo a sair do status quo e buscar uma mudança comportamental.

MINHA VISÃO DE FUTURO REALISTA
(GERANDO INSATISFAÇÃO COM O MEU STATUS QUO)

Projete-se dez anos no futuro. Imagine que o seu "eu" do futuro está lhe enviando uma carta alertando-o sobre como será o futuro caso você não mude seus comportamentos tóxicos e caso não alcance os objetivos que traçou para si. Não é um futuro idealizado, e sim um futuro que será o resultado do que você é hoje, dos seus comportamentos atuais. O que essa carta conteria? Escreva-a aqui embaixo! Descreva pontos importantes, como carreira, relacionamentos, saúde, lazer, frustrações e tudo o mais que for importante para você.

Olá _____, estou lhe escrevendo do ano 20____.
Você já está com _____ anos de idade. Estou enviando esta carta para alertar sobre... _____

_____
_____
_____
_____
_____
_____
_____
_____
_____
_____
_____
_____
_____

CAMINHO 2 • MOTIVO

DO ALTO DO PÓDIO

Crie gatilhos mentais que possam lembrá-lo do seu futuro e do seu propósito. Coloque fotos de algo que você queira alcançar na tela inicial do seu celular, ou use o nome de algo que queira muito nas suas senhas pessoais, tipo: FazermeuPhd#2022 ou ComprarMinhaCasa#2024. Crie os seus próprios gatilhos para motivarem a sua jornada e o ajudarem a ter foco. Releia o seu propósito e a sua visão de futuro pelo menos duas vezes por semana, antes de começar o dia e antes de fazer o seu planejamento semanal. Isso lhe dará uma maior clareza e foco nas coisas que você precisa fazer.

Na cabeça de Sandra Pires, ela sempre foi uma campeã olímpica e uma jogadora vitoriosa, mesmo na infância, quando começou a jogar vôlei de quadra. Ela sempre se via subindo no mais alto dos pódios e as pessoas aplaudindo-a. Nós é que ainda não sabíamos que ela seria uma campeã, mas ela já sabia desde muito cedo.

Além da inspiração que vem de dentro, do nosso propósito, dos nossos valores e da nossa visão, há momentos em que toda essa inspiração parece desaparecer. Ficamos desanimados, parece que toda a nossa energia desapareceu. Pessoas de sucesso também ficam desmotivadas e precisam buscar outras fontes de inspiração, que estão do lado de fora. Nelson Mandela, um dos maiores líderes que o planeta já testemunhou, dizia que, quando estava desmotivado na prisão, buscava forças e inspiração em um poema vitoriano.

Veja o pedaço do filme Invictus, que mostra Nelson Mandela conversando sobre como ele buscava inspiração para a grandeza.

{ DO ALTO DO PÓDIO }

Escreva onde e em que você pode buscar inspiração em momentos de desânimo (pode ser uma música, um filme, um livro ou até mesmo uma pessoa).

_____
_____
_____
_____
_____

Escreva um pequeno texto que o motive a continuar mesmo quando estiver desanimado. O que você diria para se motivar a não desistir nos momentos difíceis? Mencione suas qualidades, seus talentos, suas conquistas, sua visão de futuro e seu propósito de vida. Coloque uma música inspiradora e suave da sua playlist para se inspirar durante a escrita.

_____
_____
_____
_____
_____
_____
_____
_____
_____

CAMINHO 3

DEFININDO A INTENSIDADE

> *"Velocidade é útil somente se você estiver correndo na direção certa."*
> — *Joel A. Barker*

Imagine o prazer que você sentirá ao alcançar sua meta estratégica. Imaginou? Imagine agora se você a alcançasse na metade do tempo — em vez de três anos, ela seria alcançada em um ano e meio. Como seria? Fascinante, certo?

Tão importante quando chegar ao topo do pódio é chegar rápido e bem!

Citarei duas formas altamente eficazes para se alcançar seu objetivo mais rapidamente e que lhe trarão em excelente diferencial competitivo, além de muita felicidade.

PRIMEIRA FORMA: TALENTO

Muito se ouve falar em talentos hoje em dia. As organizações querem recrutar os melhores talentos ao mesmo tempo em que buscam reter os que já estão na empresa. Por outro lado, numa partida de futebol, quando um jogador faz um lindo drible no adversário, escuta-se a torcida comentando que ele é um jogador talentoso. O garoto que toca guitarra, a atriz que faz grandes atuações no teatro, o humorista que tira facilmente a risada da plateia, o bailarino, enfim, todos esses são considerados talentosos e se diferenciam de muitas pessoas pelo seu dom ou sua aptidão inata. Inata? Mas, então, o que é talento?

Talento é o diferencial de uma pessoa, ou seja, é algo que a pessoa realiza com mais facilidade do que os outros e que gera grande satisfação e prazer. O talento, quando utilizado, impacta a qualidade e a velocidade do que está sendo feito e, consequentemente, o resultado. O talento é algo natural, espontâneo, flui sem dificuldade e se manifesta em todas as dimensões da vida de uma pessoa.

A pessoa que utilizar seus talentos no dia a dia profissional desfrutará de maior prazer nas atividades e do aumento da performance. Imagine-se ao lado da Sandra. Se ambos nunca tivessem jogado vôlei de praia em suas vidas e treinassem três horas diariamente, quem se desenvolveria mais rapidamente? Provavelmente ela, devido ao talento que tem para tal esporte.

Os efeitos são relativos também quando o contrário acontece. Não utilizar o seu talento gera desconforto, falta de prazer, gasto excessivo de energia e distanciamento dos resultados excepcionais. O recomendado para alcançar o sucesso e a felicidade é buscar uma profissão que aproveite todos os seus talentos — afinal, cada pessoa tem mais de um.

Howard Gardner, na década de 1980 na Universidade de Harvard, desenvolveu um modelo amplo e detalhado sobre a inteligência humana e o talento. Insatisfeito com a forma tradicional de questionar a inteligência, que enfatizava apenas as habilidades linguísticas e lógico-matemáticas, Gardner criou o conceito de inteligências múltiplas.

Gardner, surpreendeu-se com o sucesso colhido por alguns alunos que eram considerados fracos e passou a questionar o sistema de avaliação escolar. A conclusão de Gardner foi que as avaliações traduzem apenas o QI, ou seja, a inteligência intelectual, cujo foco é a competência lógico-matemática e linguística. Segundo as avaliações de QI da época, um músico genial como Beethoven ou um jogador extraordinário como Garrincha não eram considerados "inteligentes". Você concorda com isso? Gardner também não concordava!

Segundo Gardner, todos os indivíduos normais são inteligentes, ou seja, possuem capacidade de atuação em, no mínimo, sete diferentes áreas intelectuais. Essas inteligências se agregam, se relacionam e se completam, trabalhando uma em favor da outra na busca por soluções mais eficazes.

As inteligências emocionais descritas por Gardner são:

1. **Lógico-matemática**: os elementos principais desta inteligência são a sensibilidade para padrões, ordem e sistematização. Se você possui habilidade para raciocínio dedutivo e para reconhecer problemas matemáticos, de informática, química ou física e solucioná-los, provavelmente você possui esta inteligência como dominante. É percebida claramente em cientistas, físicos e matemáticos.

2. **Linguística ou verbal:** é composta de uma sensibilidade para sons, significados e cadências das palavras. Pessoas com esta inteligência possuem habilidade de utilizar a linguagem para persuadir, comunicar ideias e transmitir informações, além da facilidade para aprender novos idiomas. Mesmo sem ter frequentado a escola, pessoas com inteligência linguística ou verbal conseguem organizar e expressar suas frases de forma clara e objetiva. É dominante em poetas, escritores, contadores de histórias e linguistas. Se não for bem desenvolvida na fase da infância, a pessoa apresentará dificuldades na fala ou no aprendizado de idiomas.

3. **Musical:** capacidade para compor e executar padrões musicais, identificável pela facilidade em executar músicas de "ouvido", discernir ritmos e timbres musicais, boa entonação de voz e sensibilidade emocional à música. Predominante em músicos, compositores, maestros entre outros.

4. **Espacial**: esta inteligência se caracteriza pela habilidade de entender com precisão o mundo visual. Pessoas com este tipo de inteligência têm sentido de localização, facilidade com mapas, gráficos e diagramas, além da facilidade de transformar percepções e recriar experiências visuais. É dominante em arquitetos, escultores, artistas, navegadores, enxadristas, entre outros.

5. **Corporal-cinestésica:** é a habilidade de solucionar problemas ou elaborar produtos utilizando o corpo. Muito aguçada em atletas, bailarinos, jogadores de futebol, cirurgiões, mágicos, artistas de circo e mecânicos.
6. **Intrapessoal:** é a inteligência do autoconhecimento, ou seja, a capacidade de se conhecer. Considerada como a mais rara inteligência, pois está relacionada à capacidade de compreender e conviver com os próprios modelos mentais, limites, autocontrole, ansiedades, preconceitos. É a habilidade de identificar comportamentos inconscientes e transformá-los em conscientes. Aparece em pessoas otimistas, que respeitam seus valores morais, e em psicólogos, filósofos, romancistas e outros.
7. **Interpessoal:** é definida pela capacidade de compreender as intenções, as motivações e os desejos de outras pessoas. Pode ser identificada em indivíduos com facilidade de relacionamento, cooperação e interação. Facilmente encontrada em vendedores, políticos, professores, líderes religiosos, conselheiros, gerentes e relações-públicas.
8. **Naturalista:** esta inteligência citada por Gardner é expressa pela facilidade para entender e organizar eventos relacionados à natureza, assim como identificar e qualificar toda variedade de fauna, flora, meio ambiente e seus componentes. É predominante em biólogos e geólogos mateiros, por exemplo.

{ DO ALTO DO PÓDIO }

Faça aqui o seu teste de inteligências múltiplas. Responda às perguntas que mais se adéquam ao seu perfil e veja a resposta nas abas Barra/Pizza.

Identifique os padrões que surgiram em suas respostas e identifique quais são as cinco inteligências que você possui. Liste-as por ordem de dominância, ou seja, aquela que você identifica ser mais forte em você será a número 1 e a 5 será a menos forte (não é a mais fraca, e sim a menos dominante dentre as cinco que identificou).

1. _____
2. _____
3. _____
4. _____
5. _____

Agora, seguem algumas perguntas para você descobrir qual é o seu talento.

O que você faz com mais facilidade do que os outros?

_____
_____
_____
_____
_____

CAMINHO 3 • DEFININDO A INTENSIDADE

Quais são os seus pontos fortes e pontos fracos?

PONTOS FORTES	PONTOS FRACOS
_____	_____
_____	_____
_____	_____
_____	_____

O que você gosta de fazer e que agrega valor?

_____
_____
_____
_____

O que você já fez e pode merecer o crédito por tê-lo feito?

_____
_____
_____
_____

DO ALTO DO PÓDIO

Que atividades, coisas, temas e pessoas chamam sua atenção?

_____
_____
_____
_____

O que você faz, lê, aprende e no que ajuda outras pessoas sem reclamar?

_____
_____
_____
_____

Se pudesse escolher agora mesmo qualquer trabalho que existe por aí para você fazer, independentemente do salário, qual escolheria?

_____
_____
_____
_____

Baseando-se nas respostas, escreva aqui quais são os seus talentos.

_____
_____
_____
_____

Transcreva os seus talentos para a página 187.

É muito difícil identificarmos nossos talentos quando somos criança. Não temos essa sensibilidade perceptiva. Eu, quando era criança, tinha meu foco apenas em fazer coisas que eu gostava e pronto. Criança não quer fazer coisas por obrigação, quer apenas se divertir! Por isso é importante ter adultos orientando as crianças em relação aos seus talentos, pois eles têm maior capacidade de identificar as atividades que as crianças executam com facilidade ou com dificuldade. Os adultos devem apenas tomar cuidado para não influenciar as crianças com seus objetivos e sonhos pessoais. Pode ser que o sonho de um adulto seja que o filho se torne engenheiro e tudo o que ele observa são as interações que a criança tem com a matemática ou coisas relacionadas, deixando de lado os verdadeiros talentos dela. Não é porque a criança tem um pouco de facilidade em matemática que ela se tornará um grande engenheiro. É ainda pior quando o pai quer porque quer que o filho siga uma determinada carreira, independentemente da vontade do filho. Já vi filhos que se tornaram médicos porque os pais, avós e bisavós eram médicos, mas não era aquilo que lhes dava prazer.

Na época de escola eu gostava muito das aulas de matemática, português — e educação física, então, nem se fala. Por outro lado, eu não gostava das aulas de história e geografia, que para mim eram entediantes. Não posso dizer que tinha um talento para as matérias tradicionais, mas nas aulas de educação física eu me destacava e muito.

Como já disse, comecei no esporte através do atletismo, que eu praticava na escola. Eu estudava numa escola simples que tinha uma quadra onde fazíamos os saltos em altura no colchão e o salto em distância numa caixa de areia. As corridas eram feitas na rua, pois era o único lugar que tinha espaço para isso. A estrutura era simples, mas eu me engajava toda durante as aulas. No meu caso, eu gostava especificamente das corridas de 100 metros, pois demandavam muita velocidade e explosão e porque eu era muito rápida. Acho que foi a primeira vez que percebi que eu tinha um diferencial, pois sempre ganhava as corridas e competições de salto. Como na época eu desconhecia o conceito de talento, eu simplesmente gostava muito de praticar aquilo. A minha paixão e facilidade em competir eram indicadores de um talento.

Essa prática precoce de atletismo me ajudou bastante fisicamente quando, aos 11 anos de idade, comecei a jogar vôlei de quadra. Eu conseguia perceber com clareza que eu tinha desenvolvido uma boa coordenação e força física, o que me dava uma vantagem perante as demais crianças. Essa capacidade física foi aumentando conforme eu treinava e subia de categoria. Isso me motivava a continuar treinando, principalmente porque eu conseguia perceber uma evolução rápida durante os meus treinos. Em outras palavras, os treinos funcionavam com mais facilidade para mim do que para os meus colegas da escola.

Esse talento ficou mais evidente quando eu comecei a ser convidada para jogar em outros times, o que confirmava ainda mais a minha vocação. Afinal de contas, quem não gosta de evoluir naquilo que faz e ainda ser reconhecida pelas pessoas ao redor? Eu queria! Uma vez o Serginho, um técnico que me viu jogando, me disse: "Continue treinando, porque você tem potencial". E eu treinava e treinava, e consegui ver rapidamente a minha evolução. E isso me fazia ser ainda mais apaixonada por treinar.

Sandra posa para foto comemorativa de seus 40 anos

Apesar de a minha altura não ser a mais favorável para a prática do vôlei, pois eu tinha somente 1,75 m, o que não é muito para uma jogadora, eu saltava muito bem e tinha bastante domínio da parte técnica do esporte. Naquela época eu fazia treinos para atacar a bola na mesma altura que uma jogadora de 1,92 m fazia, o que não era comum! Isso demonstrava que eu tinha uma aptidão física *diferenciada e desperdiçá-la seria enterrar o meu talento. No vôlei de praia, apenas ter um diferencial físico não é suficiente para se destacar na modalidade. São necessários também outros talentos, como ter um bom encaixe de mão na hora de atacar ou mesmo pingar a bola, e fazer uma boa leitura do bloqueio e da defesa na hora do ataque. Conheci muitos jogadores muito fortes fisicamente, mas que não conseguiam colocar a bola no lugar certo da quadra, sempre queriam ir na força, e às vezes só a força bruta não era o suficiente. Às vezes era melhor um ataque direcionado à meia força fora da direção da defesa, que era impossível defender, do que uma bomba atômica nas mãos de um defensor que consegue controlar muito bem a bola. Também já vi jogadores de 1,95 m bloquearem melhor do que jogadores com mais de 2 m de altura simplesmente porque conseguem fazer uma leitura melhor do atacante. Tudo isso faz parte do talento para o vôlei de praia, e eu posso dizer que, com muito treino, consegui desenvolver todo esse talento. Até porque talento sem treino não serve para nada. Sem treino, uma pessoa talentosa será sempre um "potencial".*

Eu posso afirmar que tive muita sorte por ter descoberto o meu talento e principalmente que ele agregava valor para algo. Hoje há muitas pessoas que não sabem qual é o seu talento e acabam vivendo uma vida comum, sem prazer para trabalhar ou não se destacam em suas profissões. Se eu tivesse seguido uma carreira tradicional em vez de no esporte, como engenheira ou outra, eu até poderia ter sido uma excelente profissional devido à minha determinação e facilidade nas matérias, mas nunca teria alcançado o que alcancei usando o meu real talento para o esporte.

Por isso é importante percebermos as nossas habilidades, aquelas coisas que fazemos com mais facilidade do que os outros. Temos que perceber que isso nos ajudará a chegar mais rápido ao topo do pódio e que, com certeza, o caminho será muito mais prazeroso. Tenha pessoas ao seu lado que o ajudem a identificar o seu talento e que sejam honestas com você sobre ele.

Após identificados os seus talentos, passaremos para a segunda forma de acelerar o seu sucesso.

SEGUNDA FORMA: DEDICAÇÃO

Imagine que você recebeu uma herança de 3 milhões de dólares, mas para retirá-la existem as seguintes condições: o dinheiro está no topo do monte Island Peak, a 6.189 m de altura; somente você poderá pegar o dinheiro; não há risco nenhum de vida se você estiver capacitado; o prazo para retirar o dinheiro é de apenas um ano.

Supondo que para fazer esse tipo de escalada são necessários pelo menos uma preparação física de quatro a cinco vezes por semana, aulas de alpinismo e um investimento total próximo de 50 mil reais para realizar essa façanha, o que você faria? Lembre-se de que, se estiver capacitado, não há risco de vida nenhum!

Muitas pessoas fariam a preparação e iriam além: fariam preparação psicológica, personal trainer e outras coisas. É claro, afinal, há 3 milhões de motivos para isso. A pergunta é simples: por que não fazemos isso hoje em nossas vidas? Por que não colocamos toda essa dedicação em nosso desenvolvimento pessoal para alcançar o nosso sonho?

A resposta é simples: (1) não temos a estratégia correta, (2); não acreditamos que podemos conquistá-lo; (3) não estamos vendo o prêmio no topo da montanha; ou (4) não estamos nos dedicando o necessário a este projeto para chegarmos ao topo do nosso pódio. O problema 1 pode ser resolvido com boas MCIs e boas metas comportamentais. Já o problema 2 será trabalhado no próximo capítulo, que falará sobre perseverança e crenças. O problema 3 pode ser resolvido com a sua visão de futuro escrita no capítulo anterior, que o ajudará a enxergar o "dinheiro no topo da montanha". Já o problema 4 será trabalhado neste tópico.

Uma grande parte da população quer ganhar um ótimo dinheiro, realizar sonhos, alcançar objetivos, mas apenas uma pequena fatia está disposta a se dedicar para isso. Por isso, a dedicação é o outro fator fundamental para o sucesso. Ou você se dedica, ou o seu sucesso dependerá de a sorte bater na sua porta. A realidade é que qualquer pessoa pode aumentar a própria sorte ao desenvolver atitudes positivas.

Dedicação é isso! Considerando o significado dessa palavra no Dicionário Informal (que foi a que eu mais gostei), dedicação é "Afeto, empenho, amor, responsabilidade". Somente uma pessoa que assume a responsabilidade da própria vida, que tem afeto profundo por ela, tem a capacidade de se empenhar nela por inteiro.

A dedicação exige inteireza, estar inteiro em seus projetos. É abrir mão das coisas irrelevantes e mergulhar nas relevantes. Bryan Tracy explica a lei dos 120%: "Seu sucesso na vida será diretamente proporcional ao que você fizer depois que tiver feito o que esperam que você faça". Trabalhar oito horas por dia bem trabalhadas é o que esperam que todos nós façamos. O que faremos além disso determinará o nosso sucesso. O sucesso é conquistado enquanto todos estão descansando, curtindo a vida, nos shoppings, nos bares, nas novelas da vida.

Malcolm Gladwell, autor do livro *Fora de Série: Outliers*, após pesquisar pessoas que eram fora da curva, descobriu que esses seres "extraordinários" tinham alcançado o sucesso ao dedicarem pelo menos 10 mil horas à sua área de atuação. Essas 10 mil horas podem ser alcançadas em dez anos com três horas diárias de prática ou em três anos e cinco meses, se você se dedicar oito horas por dia. Tudo é uma questão de dedicação.

Dedicação é renúncia! Dedicar-se ao sucesso é uma escolha diária na qual você precisa adiar prazeres irrelevantes em troca da realização efetiva e importante. É colocar uma quantidade grande de esforço para alcançar o seu objetivo relevante e, para isso, ter uma estratégia. Veja o quadro a seguir:

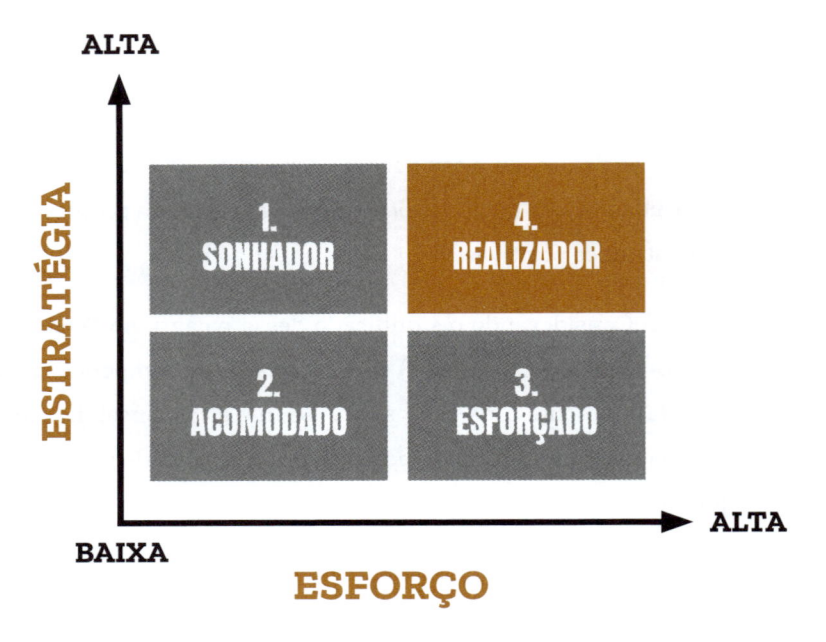

```
         ALTA
          ▲
          │
    ┌─────────┬─────────┐
    │   1.    │   4.    │
E   │ SONHADOR│REALIZADOR│
S   ├─────────┼─────────┤
T   │   2.    │   3.    │
R   │ACOMODADO│ ESFORÇADO│
A   └─────────┴─────────┘────▶ ALTA
T  BAIXA
É          ESFORÇO
G
I
A
```

No gráfico há quatro personagens no que se refere à estratégia X esforço:

1. **Sonhador:** muita estratégia e pouco esforço. Pessoa que sonha muito, mas não se esforça para chegar ao topo do pódio.
2. **Acomodado:** baixa estratégia e baixo esforço. Pessoa que não sonha nem é dedicada.
3. **Esforçado:** baixa estratégia e alto esforço. Pessoa que é um trator para trabalhar, mas não chega a lugar nenhum. Pode até chegar pela insistência, mas poderia ter chegado ao objetivo de forma mais fácil.
4. **Realizador:** alta estratégia e alto esforço. Pessoa que tem objetivos, metas, trabalha bastante, usa seus talentos e suas motivações em prol do objetivo.

Procure identificar em qual quadrante você se encaixaria nesse quadro. Olhe para as suas realizações, o seu esforço e escreva aqui em qual dos quatro perfis você se encaixa.

CAMINHO 3 • DEFININDO A INTENSIDADE

Do que você precisa para se tornar um realizador? Estratégia, esforço, os dois ou nenhum? Descubra o que está lhe faltando e veja como suprir essa falta com o conhecimento que este livro lhe trouxe até agora.

O nosso objetivo é que você se torne um realizador, alguém que utiliza seus talentos, tem objetivos claros e relevantes, cria uma estratégia para alcançá-los e coloca uma grande quantidade de esforço na busca de seu objetivo. Assim você se tornará uma pessoa extraordinária.

Pessoas com perfis "acomodado, sonhador, esforçado e realizador" também podem se encaixar no gráfico a seguir, baseado na curva de Gauss, que demonstra a estatística das pessoas medíocres, ordinárias e extraordinárias.

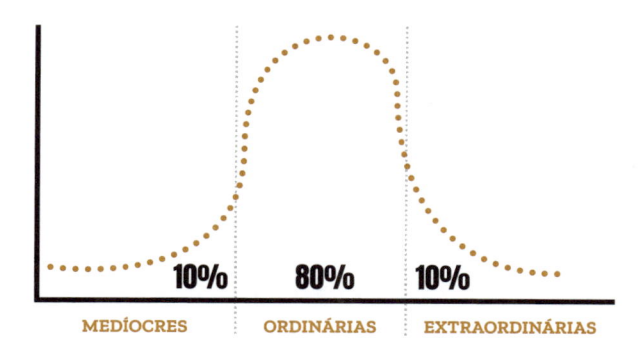

[Gráfico: curva de Gauss — 10% MEDÍOCRES | 80% ORDINÁRIAS | 10% EXTRAORDINÁRIAS]

Para cada 100 pessoas que fazem a mesma coisa com capacidade mental considerada normal, a estatística demonstra que:

- 10% são medíocres: reclamam de fatos passados; não se adaptam a mudanças; produzem abaixo do esperado; fogem de compromissos; são especialistas em dar desculpas; não buscam conhecimento; contaminam o restante da equipe com suas insatisfações profissionais; se puderem arrumar uma desculpa para faltar no trabalho, com certeza o farão. Paul Stoltz os denomina como "desistentes", ou seja, pessoas que querem chegar ao topo do pódio, mas desistem antes de começarem a jornada.

- 80% são ordinárias: reclamam da vida e das dificuldades do dia a dia; produzem o suficiente; fazem apenas o que são pagas para fazer e, às vezes, um pouco mais; desistem diante de adversidades; gostam da zona de conforto; não fazem cursos e treinamentos, a não ser que sejam pagos pela empresa. São denominadas de "campistas", aquelas pessoas que acampam no caminho para o topo e ficam por lá mesmo.

- 10% são extraordinárias: têm total controle da vida; direcionam-se ao medo que paralisa os outros; são proativas na busca de soluções, conhecimento e competências; estão sempre fazendo cursos ou aprendendo alguma coisa nova; sabem se relacionar; produzem acima da média; são contratadas para resolver grandes problemas e para liderar pessoas. Paul Stoltz as chama de "alpinistas", pois elas alcançam o topo da montanha, o topo do pódio.

Em resumo, de cada 100 jogadores de futebol, 10 são excepcionais e são aqueles que conhecemos pelos nomes. O restante faz parte de um grupo que fica no anonimato profissional ou na média.

De cada 100 vendedores, 10 são excepcionais. Se você se lembrar das campanhas de incentivo da sua empresa, lembrará que são sempre os mesmos que ganham o troféu. O restante faz parte de uma massa que existe para compor a equipe e manter o jogo acontecendo.

De 100 jogadoras de vôlei de praia, apenas 10 são extraordinárias.

Afinal, o que esses 10% fizeram de diferente? Simplesmente utilizaram seus talentos e se dedicaram profundamente em suas carreiras na busca de seus objetivos. Eles abriram mão de alguns momentos de prazer em prol do sucesso. Eles compreenderam que a dor, a disciplina e a abnegação são o caminho para quem deseja viver uma vida de realizações.

Um exemplo de muito esforço dedicado ao desenvolvimento do talento é o caso do grande craque de basquete Oscar Schmidt, que fica bravo quando o chamam de "Mão Santa"[2]. Ele explica que precisou treinar muito para possuir essa habilidade. No final dos treinos, quando todos os jogadores iam para casa descansar, Oscar ficava treinando arremessos para aprimorar sua técnica.

> *"Não consegui ser o melhor atleta, mas me orgulho, pois ninguém nunca treinou mais que eu. Sou produto de treinamento. Quer ser o melhor na sua área de atuação? Pratique, estude, se esforce. Treine muito, mas muito mesmo, e quando estiver bem cansado, treine mais um pouquinho porque esse pouquinho vai te fazer melhor"* — Oscar Schimidt

Outro caso de dedicação na carreira e na vida é o de Ben Carson, o primeiro cirurgião a realizar uma cirurgia intrauterina (cirurgia em feto dentro do útero da mãe). Foi também o primeiro médico a fazer cirurgia de separação de gêmeos siameses unidos pelo cérebro com a sobrevivência dos dois bebês. Quando criança, Ben considerava-se uma criança "burra", sendo o último aluno em notas da classe. Após uma orientação da mãe, Ben Carson passou a ler dois livros por semana. Um ano mais tarde, após utilizar os novos conhecimentos, ele tornou-se o primeiro aluno em sala de aula. O seu desejo e a sua devoção à leitura cresceram e o levaram a conquistar os maiores prêmios que um médico neurocirurgião poderia receber.

É importante notar que não há uma relação entre talento e dedicação. Muito pelo contrário, pessoas talentosas muitas vezes não levam seus projetos até o final. Na verdade é melhor uma pessoa sem talento, mas com muita dedicação do que o inverso. O ideal é você se dedicar às coisas que almeja em sua vida e ainda se dedicar para desenvolver o seu talento. O ator Will Smith disse uma vez:

---

2   Mão Santa: apelido dado a ele por sua precisão em acertar cestas de dois e três pontos.

"Nunca me considerei particularmente talentoso. Sempre me considerei um talento médio, mas me sobressaio no fato de que eu tenho uma obsessão insana e ridícula por prática e preparação. Você sabe, enquanto o outro cara está dormindo, eu estou trabalhando. Enquanto o outro cara está comendo, estou trabalhando".

Por isso, a pergunta mais fácil que lhe farei neste livro é "você gostaria de fazer parte dos 10% de pessoas extraordinárias ou fazer parte do restante?".

Se respondeu que deseja ficar entre os 10%, você não é diferente da grande maioria, visto que toda ela quer ficar entre os extraordinários.

As perguntas mais difíceis que devemos responder todos os dias são: o que estamos dispostos a fazer de diferente **todos os dias** para ficarmos entre os 10%? Do que estamos dispostos a renunciar constantemente para fazer parte deste pequeno e extraordinário grupo de pessoas?

Essas são perguntas que temos que nos fazer diariamente, a cada minuto, durante todo o tempo em que o desejo por ficar entre os 10% perdurar. E quando esse desejo vacilar, será preciso revisitar seu propósito de vida, sua visão de futuro, seus fatores externos de motivação para lhe dar foco e motivação novamente. Além disso, você precisará ter uma disciplina diária para alcançar o que deseja.

> *"Todos nós devemos sofrer uma destas duas dores: a dor da disciplina ou a do arrependimento. A diferença é que a da disciplina pesa gramas, enquanto o arrependimento pesa toneladas". — Jim Rohn*

A disciplina dispensa a empolgação para se fazer algo. Fazer academia quando se está motivado, empolgado, é fácil! O difícil é fazer quando estiver cansado ou estiver chovendo e você só pensar em ficar na cama. A disciplina o leva a fazer algo mesmo quando está sem vontade.

Todo ser humano possui dois importantes dons que nos ajudam a ter disciplina: consciência e vontade independente. A consciência nos diz o que é certo ou errado, e a vontade independente nos ajuda a fazer algo mesmo sem vontade. Como exemplo, imagine que você se propôs a ler dois capítulos por dia de um livro. No dia em que não está com vontade, a sua consciência lhe diz que você está falhando no seu compromisso. Já a sua vontade independente o ajuda a ler o livro, mesmo sem nenhuma vontade. A disciplina é algo totalmente racional que lhe diz: "faça não porque você está com vontade, mas sim porque é a melhor escolha a se fazer a longo prazo".

Disciplina é umas das formas diárias para você aumentar o seu nível de sorte. Para se preparar para o grande dia, mesmo sem data marcada. É você estudar para a prova que ainda não existe. Quando a oportunidade chegar, você não terá que pensar "se eu soubesse que essa oportunidade surgiria, eu teria me preparado melhor"! Com disciplina, você sempre estará preparado.

No entanto, só consegue ter disciplina quem tem um objetivo extremamente relevante e que o impele a buscá-lo. Ao utilizar os seus talentos potencializados ao máximo por dedicação, disciplina e foco na busca do objetivo, você alcançará resultados incríveis e muito mais rápido. Se pudesse chegar à praia de helicóptero em uma hora, em vez de ir de carro, no trânsito, demorando cinco horas, você aproveitaria muito mais a praia, certo? Chegue mais cedo ao seu sucesso, para desfrutá-lo por muito mais tempo!

PERGUNTAS E ATIVIDADES PARA VOCÊ MELHORAR A SUA DEDICAÇÃO

Após esse aprendizado sobre dedicação e talento, coloque no quadro abaixo as seguintes informações:

1. **Coisas que você faz e são importantes** (você precisa mantê-las ou melhorá-las). Estas atividades o ajudam a alcançar o seu objetivo principal.
2. **Coisas que você faz, mas não são importantes** (você precisa eliminá-las ou transformá-las em algo importante). São estas atividades que tiram o seu foco e a sua energia.
3. **Coisas que são importantes, mas você não faz** (você precisa começar a fazê-las). Estas atividades serão importantes no alcance de seus objetivos, mas por algum motivo não estão sendo realizadas atualmente. Encontre um espaço na sua agenda e se programe para começar a fazê-las, tornando-as rotina.
4. **Atividades não importantes e que você não faz**. Nem se preocupe com essas atividades e também não comece a fazê-las. Elas não são importantes para você.

《 CAMINHO 3 • DEFININDO A INTENSIDADE 》

	FAÇO	
IMPORTANTE	1. Manter, Melhorar	2. Transformar, Eliminar
	3. Começar a fazer	4. Eliminar, Ressignificar
	NÃO FAÇO	**NÃO IMPORTANTE**

Responda às perguntas abaixo para aumentar o seu nível de dedicação ao seu objetivo relevante.

O que o impede de chegar ao seu objetivo antes do prazo previsto?

_____
_____
_____

Em que áreas da minha vida eu preciso de mais disciplina?

_____
_____
_____
_____

Do que você está disposto a abrir mão para alcançar o seu sucesso? Vale realmente a pena?

_____
_____
_____
_____

Cuidado apenas com a sua dedicação e com o impacto disso em outras áreas da sua vida. Por isso a sua meta tem que ser analisada sistematicamente, para lhe dar uma melhor compreensão sobre as áreas que serão impactadas por suas decisões. Antes de mergulhar de cabeça em um projeto, verifique se você não está abandonando áreas importantes. Algumas pessoas acham que trabalhar muito é a melhor forma de dar conforto e educação aos filhos, sendo que pesquisas indicam exatamente o contrário — que o filho precisa da presença física do pai e da mãe, e não de conforto e dinheiro.

Dedique, sim, tempo ao seu projeto de vida se ele realmente for importante e se você tiver tomado essa decisão de forma consciente e compreendendo qual impacto ele terá sobre as coisas importantes da sua vida. Se quiser ser um bom pai, dedique-se aos seus filhos. Se quiser ser uma boa esposa, dedique tempo de qualidade ao seu marido. Se quiser ser um bom profissional, dedique tempo à sua carreira. Se quiser ser um bom amigo, dedique tempo às suas amizades.

Dedicação não é trabalhar muito mais do que os outros. É trabalhar melhor e mais produtivamente do que os outros — o que os outros fariam em dez horas, você fará em oito, por causa da sua motivação e foco. É você usar o seu tempo a seu favor. É trabalhar, ler dois capítulos de um livro, conversar algo importante com a esposa e ainda brincar com o filho, tudo de forma muito produtiva e com qualidade. Isso é diferente de trabalhar muito e ainda chegar em casa e ficar horas na frente da TV com a esposa e com o filho.

{ CAMINHO 3 • DEFININDO A INTENSIDADE }

Dedicação é uma palavra muito forte para mim, pela qual eu tenho muito respeito. Acredito que ninguém chega a lugar nenhum sem dedicação àquilo que deseja.

Quando decidi que queria ser jogadora profissional, entendi que era a hora de dedicar meus esforços e talento em prol daquele objetivo. Foi naquele momento que decidi que tudo o que era irrelevante para eu alcançar o meu objetivo maior seria descartado. E fiz tudo considerando meus valores e os impactos a curto e longo prazo em minha vida.

Inúmeras vezes recusei convites de amigos e familiares que me convidavam para participar de uma festinha, de um batizado ou um aniversário. Nunca me importei nem um pouco ao abrir mão de uma feijoada ou de uma festa sexta-feira à noite para manter minha saúde e minha performance. Sábado, quando todos os meus amigos estavam no shopping passeando, eu estava em casa assistindo ao jogo das minhas adversárias. Naquela época da minha vida, o meu objetivo gritava tão forte na minha cabeça que eu nem sequer conseguia escutar as coisas secundárias que queriam roubar o meu foco. Eu sei que a grande maioria da população não abre mão de coisas prazerosas e que parecem inofensivas a longo prazo, mas infelizmente a maioria da população não é sinônimo de sucesso.

Um caso clássico que conto em minhas palestras é de quando eu fui para os EUA treinar e jogar com a Jackie e precisei tomar duras decisões que beneficiariam a minha carreira e os meus valores. Naquela época, eu estava noiva há cinco anos e sabia que, naquela altura da minha carreira, eu precisaria me dedicar ao esporte em tempo integral para chegar à medalha de ouro. Como estava indo morar na Califórnia, eu precisaria abrir mão da convivência com o meu noivo para poder treinar e me dedicar ao meu objetivo. Outro caso interessante aconteceu quando estávamos em Atlanta, já na concentração para os jogos. Todos os atletas foram participar da abertura, carregando as bandeiras de seus países, um momento do qual eu sempre sonhei em participar. Mas naquele ano eu não fui. A abertura, para quem não sabe, é altamente desgastante, pois as pessoas ficam horas em pé e aquilo não seria nada produtivo para a nossa performance em quadra. Até mesmo porque era a minha primeira Olimpíada e tudo era novo para mim. Queríamos guardar toda a energia e concentração de que precisaríamos para as partidas que viriam. Eu queria evitar todo tipo de distração na busca do meu objetivo.

Mas ganhar uma medalha de ouro não requer somente abnegação; exige também muita dedicação. Eu me dediquei profundamente ao meu desenvolvimento físico, técnico, mental e tático. Todo dia eu treinava duas horas de treino técnico, duas horas de academia, preparo físico, o que totalizava em torno de cinco a seis horas de trabalho intenso e debaixo de muito calor. Isso quando eu não ficava mais um pouco até aperfeiçoar a minha parte técnica.

Sandra em sua galeria de troféus que contém os títulos mais importantes do mundo no vôlei de praia

Quando as pessoas me questionam se eu fiquei com medo durante os jogos da Olimpíada de Atlanta, se eu senti a pressão de representar meu país, eu respondo que senti, sim, um frio na barriga, mas não "medo" de desapontar o meu país. Primeiramente, porque aquela situação me desafiava e eu sempre gostei disso. Em segundo lugar, porque eu havia treinado a minha técnica, meu psicológico e meu físico com muita dedicação. A única coisa que passava na minha cabeça é que eu havia treinado tanto ou até mais do que todas as outras atletas na competição. Numa competição como a Olimpíada, eu não poderia contar apenas com o meu talento para o esporte, até porque quem confia só no talento acaba ficando na mão. Eu precisaria confiar em tudo aquilo que eu havia treinado e me dedicado. Eu precisaria estar confiante de que, se alguém sacasse em mim, a minha manchete estaria treinada, meu ataque seria preciso e potente, meu preparo físico estaria no auge, e isso não se consegue só com talento. Tem que ter muita dedicação e treino. Então, respondendo àquela pergunta, eu não tive medo naquele e em nenhum outro momento.

Hoje, quando eu olho para cada medalha, troféu e título que eu tenho na minha casa, eu me alegro, pois sei que conquistei e mereci cada um deles. Participei de três Olimpíadas ao todo, sendo que ganhei uma medalha de ouro, uma de bronze e pegamos um quinto lugar. Fui eleita a melhor jogadora da década de 1990 e entrei para o Hall da Fama do Voleibol em 2014. Todas as vezes que eu saía para treinar, eu dava meus 100%. As pessoas não conseguiriam discernir se eu estava treinando nos meus 99% ou nos 100%, mas eu saberia! E eu jamais suportaria me olhar no espelho se eu tivesse treinado nos meus 99% e ficasse de fora das Olimpíadas ou não tivesse ganhado a medalha de ouro.

Sandra como porta-bandeira nas Olimpíadas de Sydney – 2000

Além disso, somos recompensados pela nossa dedicação, mais cedo ou mais tarde. Eu não fui na abertura das Olimpíadas de 1996 com o objetivo estar focada para os jogos, mas tive a honra de ser a primeira mulher brasileira convidada a levar a bandeira nacional nas Olimpíadas de 2000, em Sydney. Esta é uma das maiores honras que um atleta olímpico pode ter, levar a bandeira do seu país numa abertura olímpica. Quem imaginaria que, mesmo quatro anos depois, eu colheria os frutos da minha dedicação em Atlanta?

CAMINHO 4

PERSEVERANDO

"Obstáculos são aquelas coisas assustadoras que você vê quando desvia seus olhos de sua meta." — Henry Ford

Erik Weihenmayer perdeu totalmente a visão no auge dos seus quatorze anos. Seus modelos mentais diziam que a sua limitação o impediria de desfrutar das boas coisas da vida. O que mais o aterrorizava não era o medo de estar cego, mas a possibilidade de ser deixado para escanteio e esquecido. Erik tinha todos os motivos do mundo para ficar em casa, encostado e reclamando da vida. Isto é o que muitas pessoas fariam nessa situação: fugiriam da adversidade. Mas não Erik! Anos mais tarde, ele se tornou uma referência mundial de perseverança e ousadia. Erik caminhou ao encontro da adversidade e, mais do que isso, utilizou-a para o seu crescimento. Erick foi o primeiro cego a escalar as sete montanhas mais altas do mundo, incluindo o Everest. Sua busca pela adversidade prova a milhões de pessoas que o ser humano possui um potencial incrível, e que na maioria das vezes é inexplorado.

Uma das grandes verdades da vida é que alcançar o objetivo proposto não é fácil. Entre o lugar que eu estou agora e o lugar aonde quero chegar, existe uma estrada repleta de adversidades, desafios e oportunidades me aguardando.

Paul Stoltz explica que o ser humano enfrenta em média 23 adversidades por dia. Essas adversidades podem causar dor emocional, tristeza e angústia através de eventos adversos, trauma, desastre, pressões, problemas familiares e de relacionamento, doenças graves e problemas no local de trabalho. Os gatilhos podem variar de uma caixa de e-mail lotada e que precisam ser respondidos à morte de um ente querido. O pior é que enfrentamos 23 dessas adversidades por dia, ou seja, assim que acabamos de resolver uma, adivinhe o que virá logo em seguida? Outra adversidade!

Só que infelizmente o ser humano, cada vez mais, quer fugir da adversidade. Pessoas pagam planos de 12 meses numa academia, mas a frequentam apenas 3 meses. Elas não estão dispostas a acordar mais cedo, sair da zona de conforto e alcançar seus objetivos. A cama quentinha é muito mais gostosa! Pessoas querem ter um certificado de pós-graduação, mas não querem fazer a monografia final. Outras querem emagrecer, mas não querem abrir mão de comer coisas gostosas e em abundância. Há quem queira um aumento, mas reclame por ter que trabalhar mais do que os outros. Criou-se uma cultura de que fugir das adversidades pode resultar em aumento da felicidade.

O que muitos não perceberam ainda é que o mundo está recheado de problemas e nós somos pagos para resolvê-los com o nosso trabalho. Falta de clientes, processos longos e caros, equipes inchadas, falta de verba para treinamento, falta de planejamento, excesso de burocracia — esses são alguns dos problemas que nós, profissionais de sucesso, somos pagos para resolver. Vamos chamá-los aqui de "obstáculos externos", pois são visíveis e são considerados barreiras numa corrida de obstáculos. Tais obstáculos são vencidos quando mantemos os olhos na linha de chegada, focamos o objetivo, o nosso propósito, e usamos a criatividade para superar cada barreira.

O problema maior acontece quando os obstáculos são internos, invisíveis e, na maioria das vezes, imperceptíveis. Os modelos mentais, ou seja, nossa forma de perceber o mundo, podem atuar nas duas direções, ajudando ou atrapalhando, limitando ou criando oportunidades. Erik Weihenmayer tinha tudo para ser um derrotado, mas não tinha a mente de derrotado. A sua forma de enxergar o mundo fez com ele enxergasse oportunidades, ao invés de limites, na cegueira.

AS FORMAS DE REAGIR À ADVERSIDADE

Há três formas de o ser humano reagir às adversidades que a vida apresenta, elas resultam da nossa história e das nossas experiências. Muitas vezes priorizamos estrategicamente as adversidades que enfrentaremos, em comparação às que adiaremos, baseando-nos em nossos valores e propósitos. Entretanto, também escolhemos as nossas adversidades baseando-nos em nossos medos e nossa falsa necessidade de manter o *status quo*. Pular em um rio com jacarés para salvar uma criança que está em perigo é muito mais perigoso e nobre, e às vezes até mais fácil, do que dar um feedback para o chefe tirano que explora e maltrata a todos no departamento. O conforto de manter o emprego, mesmo que a um alto custo, aparenta ser maior do que o benefício de enfrentar a adversidade de confrontar o chefe. Nosso desafio é enxergar as adversidades como nossas aliadas, como fatores que nos desafiam a crescer, e usá-las a nosso favor.

Paul Stoltz apresenta cinco níveis de interação entre o ser humano e as adversidades, que eu resumi em três níveis. Eles são:

1. **Evitar a adversidade:** nesta etapa se encontra uma das respostas mais naturais do ser humano frente à adversidade: evitá-la. O ser humano utiliza-se da negação para evitar o confronto com a adversidade. Nesta etapa, a pessoa adia os benefícios da adversidade ao negar que eles existem ou ao preferir ficar com benefício da permanecer no *status quo*, que aparenta ser muito mais fácil e confortável. Evitar a adversidade causa esgotamento físico, mental e emocional. Ao evitar algo, estamos provocando uma ação negativa. É algo que escolhemos não fazer. O esforço empregado, geralmente baseado no medo, é utilizado para fugir da adversidade, mas enfraquece a autoestima e não resolve o problema em questão. Um exemplo disso é um aluno que quer fazer

pós-graduação, mas foge na hora de fazer monografia, então ele gasta toda a energia criativa e o tempo que ele tem para arrumar desculpas, encontrar pessoas para fazer para ele, estudar a monografia que o outro fez para apresentar na banca, além de lidar com o medo de ser pego em flagrante.

2. **Passar pela adversidade sem se beneficiar:** pessoas que se enquadram neste grupo podem simplesmente estar buscando sobreviver, resistir ou até mesmo administrar a adversidade.

Em 1972, o voo Força Aérea Uruguaia 571 caiu nas Cordilheiras dos Andes com 45 pessoas. Destas, apenas 16 conseguiram sobreviver à maior adversidade de suas vidas, após passarem 72 dias nas cordilheiras. Sobreviver a esta adversidade foi considerado um ato heroico por todo o planeta, que assistiu e comemorou histericamente a fatídica jornada. No entanto, um profissional que não se desenvolve profissionalmente e se refugia em uma empresa que lhe promete segurança em troca de suas elementares habilidades também está sobrevivendo à adversidade, e esta ação não é tão heroica quanto a anterior. Evitar a adversidade é fugir dos obstáculos e das dificuldades que a vida propõe, enquanto passar pela adversidade sem se beneficiar significa atravessar o obstáculo para chegar ao destino, fugindo dos benefícios e das oportunidades que este lhe oferece. Ficar nesta fase demanda uma alta carga de energia e lhe oferece pouco retorno, pois ou você está resistindo à adversidade para passar ileso pelos obstáculos, ou está tentando minimizar os impactos que a adversidade exerce na vida ou nas organizações.

Muitas pessoas acreditam que o papel dos grandes líderes é administrar a adversidade, ou seja, mantê-la sob controle. Muitas empresas durante a pandemia de Covid-19, que começou em 2019 e invadiu 2020, tentaram manter a situação sob controle, minimizando os estragos e simplesmente tentando sobreviver até o final, ao invés de se beneficiar da adversidade. Como já foi dito, o gasto de energia nessa etapa é substancial e os ganhos são muito baixos.

3. **Dominar a adversidade:** somente dominamos a adversidade quando a utilizamos para nos desenvolvermos, desenvolvermos outras pessoas ou para um ganho tangível. Dominar gera maior motivação, progresso, estimula a inovação e ainda fortalece a autoconfiança. Quando uma adversidade acontecer, o ideal é gastar mais tempo dominando-a do que nos outros níveis.

Há muitas pessoas que fogem da adversidade e acabam vivendo vidas medíocres. Conheço muitos casais que, apesar de estarem casados há anos, têm um relacionamento desgastado pelos conflitos, mas não buscam ajuda profissional e também não se separam. Eles não querem passar pela adversidade de enfrentar seus defeitos e suas insatisfações. É mais fácil deixar a vida como está.

Também conheço profissionais que gastam seu tempo e sua energia criativa fazendo esquemas e politicagem dentro das empresas em vez de usarem sua energia criativa para crescer e se desenvolver na carreira e na vida. Um indicador de que você não está dominando a adversidade em uma área é quando esta área não lhe traz a satisfação e os resultados que você deseja. Fugir da adversidade ou não aproveitar o seu potencial faz com que abandonemos os nossos mais ousados sonhos e objetivos em troca de conforto. E, como diz o escritor Zack Magiezi, ninguém chega ao topo vendo os seus sonhos se "prostituindo" na zona de conforto!

―――――{ DO ALTO DO PÓDIO }―――――

Responda às perguntas a seguir e compreenda como você encara a adversidade e quais os benefícios de enfrentá-la.

Relembre aqui uma grande adversidade que tenha enfrentado. Como você saiu fortalecido depois dela?

_____
_____
_____

Responda às perguntas da tabela a seguir.

Descreva na coluna da esquerda quatro adversidades que você sabe que precisa enfrentar, mas que tem adiado e até mesmo fugido delas. Nas outras colunas, descreva a dor de enfrentá-las e a dor de não enfrentá-las. A dor de não enfrentá-la lhe mostrará os benefícios que você terá por ficar na sua zona de conforto.

ADVERSIDADES QUE VOCÊ TEM FUGIDO E QUE PRECISA ENFRENTAR

Adversidades que você precisa enfrentar	Se você enfrentá-las... O que você ganha? Qual é a dor que você sentirá?	Se você NÃO enfrentá-las... O que você ganha? Qual é a dor que você sentirá?

Em relação às dores que você sentirá por enfrentá-la ou por NÃO enfrentá-la, qual será maior?

CAMINHO 4 • PERSEVERANDO

Sempre gostei de desafios! Quando me apresentam um desafio, faço de tudo para superá-lo. Se fosse preciso, quando eu jogava, treinava muito mais só para me superar. Tentávamos também não deixar os fatores externos nos abalarem.

Certa vez, eu e a Jackie fomos jogar um torneio em Curaçao, no Caribe. Nós chegamos ao aeroporto, mas as nossas malas não chegaram. Eu não tinha experiência para fazer uma malinha separada, como se fosse um kit de sobrevivência, e então, como resultado, ficamos sem as nossas malas e todas as nossas roupas e acessórios. Aí começou uma confusão, não achavam as malas e eu não consegui comprar os itens dos quais precisava rapidamente na cidade, pois Curaçao é uma ilha. Resultado: a gente ficou usando aquelas roupas tipo I Love Curaçao para baixo e para cima. Eu estava muito mal-humorada por causa de toda a situação. Tivemos que jogar o torneio usando biquíni I Love Curaçao, que era superdesconfortável, as pessoas tirando sarro de nós, pois a Jackie tinha falado para as jogadoras sobre o que havia acontecido. Tivemos que lidar com toda a situação jogando as partidas e não podíamos perder o torneio, senão não ganharíamos o dinheiro e o prejuízo seria maior ainda.

Sandra em Curaçao

As nossas malas chegaram no último dia da competição, mas já estávamos esgotadas e mal-humoradas porque elas não chegaram quando deveriam. Mas usamos toda aquela energia e raiva dentro de quadra, o que nos fez ganhar o torneio. O pensamento que vinha à minha cabeça era "já perdi a minha roupa, agora não vou perder este torneio! Já perdi tudo o que eu podia!".

Tínhamos muitos desafios durante a nossa vida como jogadoras profissionais! No entanto, eu tinha a escolha de dominar os meus desafios ou deixá-los me dominar.

DO ALTO DO PÓDIO

Na vida é assim, ou você domina a bola, ou ela te domina. Ou você domina o seu adversário em quadra, ou ele te domina! Ou você domina seus medos e suas adversidades, ou eles te dominam! Está tudo na nossa mente. E o que fazemos com a nossa mente determinará os nossos resultados. No final, quando estiver no alto do seu pódio, você olhará para trás e terá certeza de que valeu a pena todo o esforço e perseverança na sua jornada!

MODELOS MENTAIS E CRENÇAS

Para entender como as pessoas se comportam e por que algumas enfrentam as adversidades com maior facilidade do que outras, é importante entender a sequência em que os eventos ocorrem: pensamentos primeiro, depois sentimentos e ações. Em outras palavras, um indivíduo interpreta um evento através de seus pensamentos e, consequentemente, sente e age de acordo com isso. Quando você não gosta de dar feedback para alguém da sua equipe é porque a ação de dar feedback está relacionada a um pensamento seu, que geralmente é um pensamento que lhe traz um benefício ou que protege um valor importante seu, como: "vou perder a amizade e a influência da minha equipe" ou "vou deixar de ser um gerente legal se ficar criticando a minha equipe".

O que geralmente acontece é que o processo de pensamento é tão rápido, automático e inconsciente que nem percebemos que pensamos antes de agir, simplesmente agimos. Algumas das reações mais poderosas que as pessoas experimentam são resultados de pensamentos inconscientes e automáticos, que estimulam uma falsa sensação de que elas estão sentindo emoções antes de pensar. No entanto, o pensamento vem sempre em primeiro lugar.

Estudaremos neste capítulo os modelos mentais e suas influências em nossas emoções e em nossos comportamentos.

O QUE SÃO MODELOS MENTAIS E CRENÇAS?

> "A mente é uma máquina extremamente poderosa. Não importa quais sejam os fatos, por mais irrefutáveis que sejam as evidências, ela possui uma capacidade notável de nos convencer de qualquer coisa em que queiramos crer" — Paul Stoltz

Os modelos mentais, ou crenças, são representações, significados e entendimentos que o ser humano tem do mundo, determinados, na maior parte, pela mente, e em menor, pelas informações externas recebidas pelos cinco sentidos. Modelos mentais, crenças e paradigmas possuem o mesmo significado e ora usarei o termo "modelos mentais", ora "crenças", ora "paradigmas". Isso variará para manter a fidelidade ao conceito apresentado por alguns autores mencionados aqui.

O ser humano se relaciona com o mundo por meio dos cinco sentidos. Devido ao grande número de informações captadas por eles, o cérebro ignora grande parte das informações do meio externo e seleciona apenas aquelas que lhe convém. Esse processo seletivo de informações se baseia em sua educação, religião, experiências, influências e personalidade (genética).

Gosto de comparar o conceito de modelos mentais com as lentes de um óculos. Se uma pessoa estiver utilizando lentes azuis, ela enxergará o mundo azul, apesar de ele não ser assim. Essas lentes são os modelos mentais que fazem os humanos enxergarem o mundo à sua maneira. Se dois amigos forem a uma festa, eles terão experiências e percepções diferentes sobre o evento. Cada um perceberá o momento baseando-se em suas lentes, seus modelos mentais, seus diferentes pontos de vista.

Além disso, os modelos mentais de um indivíduo são onipresentes, invisíveis e, em grande parte, inconscientes, e são eles que definem a realidade que enxergamos. Eles podem ser considerados o ponto de vista de uma pessoa sobre determinado assunto. Por isso não existe modelo mental certo nem errado. Existem modelos mentais que limitam e modelos mentais que motivam uma pessoa.

Em resumo, o que o ser humano enxerga como realidade não o é de fato, mas, sim, a realidade interpretada segundo os seus modelos mentais, que foram formados pelas suas experiências e influências externas. É uma realidade criada a partir de dados que selecionamos para confirmar que a nossa interpretação da realidade está certa.

Vamos fazer um teste? Imagine que você está conversando numa roda de amigos e de repente vocês veem um idoso, acima dos 70 anos, dirigindo uma Ferrari conversível com uma garota bonita ao lado. O que vocês comentariam da cena? Provavelmente que ele é milionário e está acompanhado de uma garota interessada no dinheiro dele, certo? Nessa hora, nossos modelos mentais anulam a possibilidade de o senhor ser o avô da garota e estar apenas dando um passeio de carro, ou de ela ser vendedora de carros e ele estar fazendo um test drive. A nossa mente ignora essas outras opções. E se você, ou alguém muito próximo, já viveu uma experiência semelhante, você defenderá o seu argumento até a morte e refutará todo argumento contrário. Isso é modelo mental, ou crença.

Aqui vão algumas perguntas para você compreender melhor os seus modelos mentais e como superá-los:

O que você acredita sobre a vida?

_____
_____
_____

***Qual objetivo você gostaria de traçar e que considera impossível? Por que você o acha impossível?**

_____
_____

Alguém já alcançou esse objetivo? O que o impede de alcançá-lo então?

_____
_____
_____

Complete a frase:

Para chegar ao sucesso, é preciso _____
_____.

Eu ainda não cheguei ao meu sucesso pleno porque _____
_____.

Em quais fatos você se baseia para chegar a essas conclusões?

_____
_____
_____

Pense numa pessoa muito bem-sucedida. O que ela pensaria sobre cada pergunta destas? É igual ou diferente do que você pensa?

_____
_____
_____

O seu jeito de pensar o atrapalha ou o ajuda?

_____
_____

Quais são os modelos mentais que você precisa ter e que o ajudarão a alcançar o sucesso?

_____
_____
_____
_____

Aprenda a separar os fatos dos modelos mentais. Sempre que achar que algo é impossível, difícil, que não vai conseguir, pergunte-se "em quais fatos eu estou me baseando para chegar a essas conclusões?".

CRENÇAS LIMITANTES

1. O que fazer quando acho que o objetivo é impossível?

Quando abordamos o tema modelos mentais e como eles podem nos ajudar a alcançar o sucesso, Dilts, Hallbom e Smith explicam o conceito de modelo mental denominado "expectativa do objetivo desejável", que significa que o indivíduo acredita ou não que um determinado objetivo pode ser atingido e, a partir disso, passa a ter ou não esperança. Se uma pessoa acredita que nunca será gerente na empresa em que trabalha, ela não criará esperanças em relação a esse objetivo. Sandra jamais conseguiria alcançar duas medalhas olímpicas se imaginasse que era impossível. E, sem esperanças, ela também não agiria adequadamente para isso e, portanto, nunca teria alcançado esses resultados.

Quando você achar que um objetivo é impossível, reflita sobre:

Quem lhe disse que é impossível?

_____

Alguém já o alcançou? Se sim, o que me impede de alcançá-lo também?

_____
_____

2. O que fazer quando acho que o objetivo é impossível porque não tenho capacidade para alcançá-lo?

Outro tipo de modelo mental desenvolvido por Albert Bandura é o de **autoeficácia**, que significa que, além de a pessoa acreditar que o objetivo é possível, ela acredita em suas habilidades para atingi-lo. A autoeficácia é como um catalisador de mudanças, ou seja, ela é crucial para moldar comportamentos humanos significativos: em primeiro lugar, ela molda os objetivos que as pessoas perseguem; em segundo lugar, molda o nível de energia que as pessoas usam em determinadas atividades e quanto sucesso elas conseguem; em terceiro lugar, ela molda a perseverança, a resiliência, o nível de estresse e depressão das pessoas em face aos desafios e fracassos; e, finalmente, molda o autoconhecimento sobre suas crenças e se eles estimulam ou atrapalham o alcance dos objetivos.

Uma pessoa que não tem crença de autoeficácia acredita que não possui o necessário para alcançar seus objetivos. Consequentemente, o sentimento que ela enfrenta é o de desamparo. Esses dois tipos de modelos mentais são exemplificados a seguir, conforme proposto por Wind, Crook e Gunther, em 2005:

> "'Até 1954, correr uma milha em quatro minutos era algo além da compreensão humana e, assim, além do que o homem podia realizar. As pessoas acreditavam que esse era o limite físico, um ser humano correr uma milha em quatro minutos. A milha em quatro minutos... foi a meta e o sonho maior dos atletas e esportistas durante tantos anos', escreveu o corredor britânico Roger Bannister... Em maio de 1954, numa pista em Oxford, Bannister rompeu essa barreira, correndo uma milha em 3 minutos e 59,4 segundos. Dois meses depois, na Finlândia, a 'milha milagrosa' de Bannister foi superada pelo seu rival australiano John Landy, que conseguiu um tempo de 3 minutos e 58 segundos. Dentro de três anos, 16 corredores quebraram esse recorde".

O modelo mental comum na maioria dos corredores era de que correr uma milha em quatro minutos era impossível. Para eles era um objetivo inatingível, pelo simples fato de que o ser humano não possuía essa capacidade. Roger Bannister tinha total convicção de que o limite poderia ser superado e que ele tinha capacidade suficiente para isso — e o superou!

Uma escala para avaliação da autoeficácia, desenvolvida por Chen, Gully e Eden, em 2001, é composta de apenas oito itens e o ajudará a ter uma noção do seu nível de autoeficácia.

Para cada um dos próximos oito itens, classifique o quanto o item é verdadeiro para você em geral, atribuindo-lhe um número de 1 a 6. Quanto maior o número, mais o item é verdadeiro para você. Por exemplo, se o item diz "Eu sou capaz de alcançar a maioria dos objetivos que estabeleci para mim", você o classificaria assim:

- "1" se a afirmação nunca é verdadeira para você;
- "2" ou "3" se a afirmação é verdadeira para você ocasionalmente;
- "4" ou "5" se a afirmação é verdadeira para você com frequência;
- "6" se a afirmação é sempre verdadeira para você.

Escreva a classificação que se aplica ao seu caso no espaço em branco, à esquerda de cada item.

1. _____ Eu sou capaz de alcançar a maioria dos objetivos que estabeleci para mim.
2. _____ Ao enfrentar tarefas difíceis, tenho certeza de que irei realizá-las.

3. _____ Geralmente, acho que eu posso alcançar resultados que são relevantes para mim.
4. _____ Acredito que eu posso ter o máximo de sucesso em qualquer coisa à qual me proponho.
5. _____ Eu sou capaz de superar muitos desafios.
6. _____ Estou confiante de que posso exercer muitas tarefas diferentes com eficácia.
7. _____ Posso fazer a maioria das tarefas muito bem, se comparado a outras pessoas.
8. _____ Eu posso performar muito bem, mesmo quando as coisas estão difíceis.

A soma da sua pontuação variará de 8 (nível baixo de autoeficácia) até 48 (nível mais alto).

A seguir estão as cinco fontes para um indivíduo desenvolver a autoeficácia. Usaremos o exemplo de uma pessoa que tem medo de falar em público, para que as fontes de autoeficácia fiquem bem claras.

As experiências de domínio (ou os resultados de desempenho): esta é a fonte de autoeficácia mais influente e refere-se às experiências que ganhamos quando assumimos um novo desafio e temos sucesso ao realizá-lo. A melhor maneira de aprender uma habilidade ou melhorar nosso desempenho é pela prática e pela crença de que é possível. Parte do motivo pelo qual isso funciona tão bem é que, enquanto estamos praticando uma habilidade, inconscientemente estamos ensinando a nós mesmos que somos capazes de adquirir novas habilidades, o que gera uma forma positiva e otimista de pensar, de que somos capaz de aprender qualquer coisa que desejemos. Segundo Bandura, o sucesso é capaz de construir uma crença robusta na eficácia pessoal de um indivíduo, enquanto as falhas podem minar essa eficácia, caso elas surjam antes de o sentido de eficácia estar estabelecido.

Uma pessoa que tem medo de falar em público não pode aprender a falar em público apresentando-se logo de cara para uma plateia lotada e altamente crítica. Seria como jogar carne fresca para jacarés em um lago. É preciso iniciar com pequenas práticas com as quais ela possa perceber o seu progresso e sucesso. Primeiro, aprender técnicas de apresentação e se apresentar para uma pequena plateia. Ao ter sucesso nisso, pode passar para o segundo passo, que seria estudar muito bem o conteúdo para responder perguntas sobre o tema, ainda sem plateia. Ao obter sucesso nessa segunda etapa, a terceira consiste no aprendizado de técnicas de improviso e relaxamento. Como uma próxima etapa, a pessoa faria uma pequena apresentação para familiares e amigos, garantindo que o ambiente seja de confiança e acolhimento. Conforme essa pessoa for experimentando o sucesso em cada etapa, ela se sentirá confiante para avançar até a próxima e, enfim, chegar ao objetivo final.

Para estes exercícios, você pode usar como base a resposta do exercício anterior (pergunta 1) ou algum outro objetivo que você gostaria de traçar (pergunta 2):

1. *Qual objetivo você gostaria de traçar e que considera impossível ou desafiador?
2. Existe algo que você gostaria de aprender ou desenvolver, mas sempre achou impossível?

Escolha agora entre um e dois objetivos para seguir sua atividade. Insira o objetivo escolhido na tabela da autoeficácia (na página 152) na primeira coluna e preencha também as colunas 2 e 3.

Experiências vicárias: esta fonte de autoeficácia é quando contemplamos outra pessoa realizando uma tarefa com sucesso, o que nos leva a absorver algumas dessas crenças positivas sobre nós mesmos. Bandura explica que "ver pessoas semelhantes a você tendo sucesso por meio de esforço contínuo aumenta a crença dos observadores de que eles também possuem a capacidade de dominar atividades comparáveis para ter sucesso". Esses modelos de autoeficácia saudável podem vir de fontes como pais, avós, tias e tios, irmãos mais velhos, líderes, professores, treinadores, mentores e empregadores.

Você pode desenvolver a sua crença de que é capaz de falar muito bem em público ao observar outras pessoas fazendo isso. Veja como elas fazem, como se comportam no palco, e pense "se elas podem fazer isso, eu também sou capaz!".

Preencha agora a coluna 4 da tabela da autoeficácia.

Persuasão verbal: receber um feedback positivo ou um estímulo verbal ao realizar uma tarefa complexa pode convencer uma pessoa de que ela tem habilidade e capacidade para ter sucesso. Isso demonstra o impacto positivo que nossas palavras podem exercer na autoeficácia de uma pessoa. A persuasão verbal pode acontecer em qualquer idade, mas quanto mais cedo for administrada, mais provavelmente desenvolverá a autoeficácia do indivíduo. Estimular uma criança dizendo que ela é capaz de alcançar qualquer coisa que deseja e que ela é capaz de enfrentar qualquer desafio que surja no caminho aumentará a sua autoeficácia e a sua capacidade de ser bem-sucedida.

Se a cada apresentação em público que o sujeito fez, ou a cada momento em que ele praticou, ele receber um feedback positivo ao invés de críticas, a sua autoconfiança e também a sua autoeficácia aumentarão.

Preencha agora a coluna 5 da tabela da autoeficácia.

Estados emocionais e fisiológicos: referem-se à importância do bem-estar emocional, físico e psicológico de uma pessoa em relação ao modo como ela se sente a respeito de suas habilidades pessoais em uma situação específica. É mais fácil se sentir confiante quando o nível de bem-estar está alto do quando você está lutando contra uma situação séria de saúde, como ansiedade ou depressão. Bandura afirma que "não é a pura intensidade das reações emocionais e físicas que é importante, mas sim como elas são percebidas e interpretadas. Pessoas que têm um alto senso de eficácia tendem a ver seu estado de excitação afetiva como um facilitador energizante do desempenho, ao passo que aqueles que são assolados por dúvidas consideram sua excitação um debilitador". Estar atento ao próprio estado mental e emocional e saber gerir as emoções é fundamental para o desenvolvimento da autoeficácia.

Voltando ao caso da apresentação em público, uma pessoa com um nível alto de ansiedade terá maior dificuldade para se apresentar em público do que outra com um excelente nível de bem-estar. A primeira terá que aprender a lidar com as emoções para aumentar a sua autoeficácia. Ela pode fazer isso através de meditação, remédios controlados, treinar sua apresentação numa situação mais real para aprender a lidar com as emoções, e somente quanto ela estiver se sentindo bem física, emocional e mentalmente é que ela estará mais confiante quanto à própria capacidade de se apresentar em público.

Preencha agora a coluna 6 da tabela da autoeficácia.

Experiências imaginárias ou visualização: uma pessoa pode fortalecer a sua crença de que o sucesso é possível ao imaginar detalhadamente o sucesso futuro. É fácil se sentir capaz e fortalecido quando a superação dos desafios para alcançar seus objetivos parece real.

No caso da timidez para falar em público, fazer um exercício para visualizar a apresentação, os participantes fazendo perguntas difíceis e você as respondendo com maestria pode ajudá-lo a se sentir fortalecido para o dia da apresentação real.

Preencha agora a coluna 7 da tabela da autoeficácia.

TABELA AUTOEFICÁCIA

1 Um objetivo desafiador	
2 Quanto tempo de dedicação eu precisaria nesse objetivo até começar a ver resultados? Quantas horas eu tenho me dedicado a isso?	
3 Qual seria um primeiro pequeno passo para eu começar a ir em busca do meu objetivo?	
4 Quem são as pessoas que eu conheço que alcançaram esse mesmo objetivo? O que eu posso aprender simplesmente as observando?	
5 Peça um *feedback* positivo às pessoas que você conhece sobre a sua evolução em direção ao seu objetivo. Escreva-o aqui	
6 Ultimamente, o meu bem-estar está me ajudando ou atrapalhando na busca do meu objetivo? O que eu posso fazer para melhorar o meu bem-estar?	
7 Como seria um futuro idealizado se eu alcançasse esse objetivo? Quais dificuldades teria dominado no caminho? Descrever em detalhes	

CAMINHO 4 • PERSEVERANDO

Eu sempre achei fundamental ter alguém para nos apoiar em nossa jornada. Não uma pessoa que passe a mão em nossa cabeça, pois isso não nos leva a lugar nenhum. É preciso alguém em quem você confie que lhe mostre a realidade, que seja um modelo para você e que lhe dê o suporte para você não desistir. Essa pessoa pode ser um pai, uma mãe, um amigo, que fale: "é assim mesmo, o começo é assim, mas não desista, porque vai passar, você vai conseguir". Eu tive esse suporte demais do meu pai e da minha mãe.

Eu também recebi esse suporte da Jackie quando jogávamos juntas. Ela sempre me apoiava e dizia que daria certo, que eu tinha capacidade para chegar ao topo. Quando você tem alguém experiente que diz que você vai conseguir, você se sente mais forte, acredita mesmo que dará certo. E deu!

Tentei fazer isso com todas as minhas parceiras que jogaram ao meu lado. Nunca fui de passar a mão na cabeça delas, mas sempre as apoiei e acreditei nelas. Muitas vezes eu acreditava nelas mais do que elas mesmas! Isso fazia com que elas acreditassem também.

Mesmo quando eu não tinha pessoas por perto me dizendo que daria certo, eu tinha pessoas que me inspiraram a fazer certo. Quando estava nos EUA com a Jackie, eu tinha uma admiração muito grande pelas jogadoras, eu ficava babando vendo-as jogar daquela forma,

Sandra saca em partida do circuito nacional de vôlei de praia (2004), no qual ela conquistou inúmeros títulos

e eu queria muito chegar àquele nível. Eu era muito observadora e isso me ajudou bastante a desenvolver minhas habilidades. Quando perdia uma partida, eu ficava assistindo aos jogos, tanto masculinos como femininos, para aprender com os jogadores.

Eu gostava de observar uma superjogadora muito habilidosa chamada Karolyn Kirby que sacava "viagem" muito bem. Ela lançava a bola e depois se projetava em direção a ela, e eu pensava: "que coisa linda, eu tenho que fazer isso!". Eu observava e pensava que se ela podia fazer isso, eu também poderia. Então eu praticava muitas e muitas vezes para fazer igual. Depois de muito treino, consegui fazer o saque viagem no mesmo nível que ela. Ela nunca soube que havia me inspirado e me orientado a sacar daquele jeito, mas ela o fez.

Por isso, nunca diga a uma pessoa que ela não conseguirá realizar alguma coisa. Ela pode acreditar em você e desistir do sonho dela. Traga sempre palavras positivas para as pessoas e elas serão capazes de realizar o impossível.

3. O que fazer quando acho que estou de "mãos amarradas" e não tem nada que possa ser feito?

Outro modelo mental muito importante é o lócus de controle, ou seja, a maneira como atribuímos a responsabilidade pelo que acontece em nossas vidas. O lócus de controle pode ser interno (LCI) — significa a crença da pessoa em relação ao controle que ela tem sobre um determinado evento, de acordo com Gunusen, Ustun e Erdem — ou externo (LCE) — que está relacionado à crença de uma pessoa no fato de que as situações externas controlam os eventos na vida dela. Uma pessoa com LCE que trabalha numa empresa pensará: "não há nada que eu possa fazer para mudar essa situação" ou "eu somente subirei na vida se me derem uma chance".

A forma como lidamos com as adversidades é influenciada diretamente pelo LCI e pelo LCE. Em comparação com pessoas com LCE (externo), as pessoas com um LCI (interno) exibem mais proatividade e melhor capacidade para resolver problemas, enquanto indivíduos com alto LCE se colocam como vítimas das circunstâncias, reclamam de fatos passados, acreditam que é melhor lidar com problemas que são somente de sua responsabilidade ou até mesmo que não são responsáveis por resolver o problema quando ele aparece (velho pensamento do "isso não é problema meu!"). Você conhece pessoas que assumem e resolvem problemas quando eles surgem? Essas pessoas têm alto nível de LCI.

Um grande exemplo de pessoa com alto LCI é Helen Keller, que, quando estava para completar dois anos de idade, foi atingida por uma violenta febre e foi desacreditada pelas pessoas. Ela sobreviveu à doença, mas ficou surda-muda como consequência da forte febre, o que levou todos — exceto Anne Sullivan — a pensarem que ela não teria nenhum futuro. Órfã e quase cega, Anne se tornou professora em uma escola para cegos após superar as suas adversidades e teve como única aluna Helen Keller. Helen, com a ajuda de Anne, aprendeu a escrever e se comunicar. E, como resultado de tamanha determinação por parte de ambas, escreveu vários livros e ministrou palestras, além de inspirar pessoas em todo o mundo. O discurso de Helen, mediante tamanho desafio e limitação, era: "Sou apenas uma pessoa, mas ainda assim sou uma pessoa. Não posso fazer tudo, mas ainda assim posso fazer alguma coisa. Não me recusarei a fazer o que eu posso fazer".

Helen tinha tudo para ficar em uma cama reclamando da vida e das próprias limitações, mas ela entendia que tinha controle sobre muitas coisas. E o que podia fazer, ela fez com excelência.

Stephen Covey utiliza o círculo da influência e preocupação para explicar o conceito de LCI e LCE.

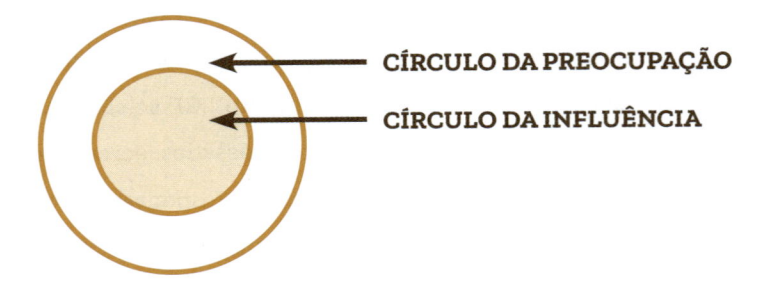

CÍRCULO DA PREOCUPAÇÃO
CÍRCULO DA INFLUÊNCIA

Dentro do círculo de influência está tudo aquilo que podemos influenciar ou controlar. Dentro do círculo de preocupação estão todas as coisas sobre as quais não temos influência nenhuma: trânsito, clima, economia etc.

Eu não posso influenciar o trânsito, mas posso acordar mais cedo ou até mesmo sair sem tomar café para chegar mais cedo ao trabalho. Quando estou dando aula e chega um aluno atrasado com o discurso "desculpa o atraso, mas o trânsito estava caótico", eu automaticamente penso "ele poderia ter saído mais cedo; ele poderia ter vindo de táxi; ela sabia que neste horário o trânsito é caótico; ele poderia não ter parado para abastecer o carro antes de vir para aula etc" — enfim, tudo aquilo que ele poderia fazer e não fez, ou seja, ele não atuou dentro de seu círculo de influência, e sim no círculo de preocupação. Pessoas de sucesso focam aquilo que podem influenciar, e não o que não podem. Elas expandem o círculo de influência e reduzem o de preocupação.

PESSOAS REATIVAS:
Focam no Círculo da Preocupação

PESSOAS REATIVAS:
Focam no Círculo da Influência

Por outro lado, a sensação de falta de controle, ou de impotência, é um dos maiores fatores de estresse que podemos experimentar. As pessoas sentem a pressão se transformando em estresse quando se subestimam acreditando que não têm influência suficiente ou nenhuma sobre as situações negativas, especialmente aquelas que sofrem algum impacto negativo resultante de tais situações. Essa característica está associada ao pessimismo.

Certo dia eu estava em uma palestra no interior de Goiás e fiz a seguinte pergunta para a plateia: "Se vocês pudessem escolher, onde vocês estariam hoje?". Escutei respostas como "na praia", "em Miami" etc. No final da palestra, uma estudante veio responder àquela pergunta pessoalmente.

— Eu gostaria de fazer um outro curso em uma outra universidade, mas eu não tenho opção — disse-me convicta.

— E por que você não tem opção? — indaguei, curioso.

— Porque os meus pais estão pagando — respondeu.

— E o que aconteceria se você quisesse estudar na universidade que você deseja?

— Eles não pagariam o meu curso e eu teria que trabalhar — argumentou ela, indignada.

— Então você teria que trabalhar para pagar o seu curso e sobreviver, certo? — perguntei novamente, mas já sabendo a resposta.

— Certo!

— Então você tinha opção, sim, mas optou por não trabalhar e fazer o curso que os seus pais querem.

Sempre temos o controle das nossas decisões, por mais impossível que pareça. Você pode me dizer que não tinha escolha quando colocaram uma arma na sua cabeça e roubaram a sua carteira. Eu argumentarei que você mesmo assim teve escolha: você poderia não passar a carteira e morrer, mas escolheu ficar vivo e sem carteira. Nós sempre temos escolhas.

Quando você diz que não tem escolha e que tem que continuar na empresa em que está, ou que tem que aguentar o seu chefe, ou que não tem tempo para estudar, você está mentindo apenas para si mesmo e para as pessoas ao seu redor, mas, no fundo, você tem escolha sim. E mesmo se escolher "não escolher", você já está tomando uma decisão.

Essas crenças se tornam limitantes quando elas atrapalham de alguma forma, seja dentro de um relacionamento ou mesmo no alcance de objetivos no trabalho.

Continue pensando no objetivo que você gostaria de alcançar e que acha impossível ou desafiador.

Descreva aqui as coisas que estão no seu círculo de preocupação (todas as coisas sobre as quais você não tem influência nem controle nesta situação desafiadora). Descreva também, no círculo de influência, todas as atividades que você pode fazer e as pessoas que você pode influenciar para alcançar este objetivo.

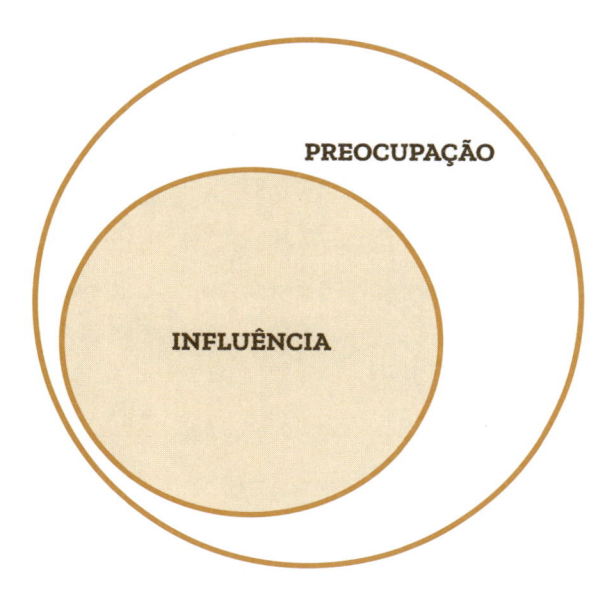

PREOCUPAÇÃO

INFLUÊNCIA

Descreva também como você pode influenciá-las.

NOME DA PESSOA	COMO INFLUENCIÁ-LA

{ DO ALTO DO PÓDIO }

É muito comum no vôlei de praia culparmos nosso parceiro pelas derrotas ou pelo nosso mal desempenho. Eu mesma já fiz isso várias vezes. Na hora do jogo, ficamos muito vulneráveis, expostos, ninguém quer ser o responsável pela derrota ou por uma má partida. No vôlei de quadra ainda há o técnico que pode fazer substituições: se o jogador estiver jogando mal, ele o substitui; ele muda o levantador, além de muitas outras opções. No vôlei de praia é você e seu parceiro. Se você estiver jogando mal ou muito nervoso, isso fica nítido para todos, inclusive para o adversário, que irá massacrá-lo no saque. Nesse momento não adianta eu pensar que a minha parceira está jogando mal e que irá afundar o jogo. Eu preciso pensar no que eu posso fazer para ajudar a minha parceira a voltar para o jogo. Tem horas que uma chamada forte em um parceiro é suficiente para acordá-lo, mas algumas vezes ele não escuta, parece que está em transe. E tem vezes que, se você der uma bronca nele, ele vai ficar pior.

Eu vivi todas as emoções nesse sentido. Já ajudei muitas pessoas a saírem desse momento, como também já fui ajudada.

Na final olímpica aconteceu isso! A Mônica e a Adriana mudaram a estratégia e passaram a sacar em mim, que era algo que elas nunca faziam. Elas tinham o costume de sacar na Jackie, porque eu atacava muito forte e o levantamento da Jackie era perfeito, o que facilitava ainda mais o meu ataque. Só que, na final olímpica, elas resolveram mudar o jogo no primeiro set, e aquilo foi uma surpresa para mim. Eu fiquei tensa! Além disso, eu também não parava de pensar que eu já era medalhista de prata na minha primeira Olimpíada, o que acabou me atrapalhando um pouco. Como resultado, eu desfoquei um pouco do jogo, mas a Jackie naquele momento teve paciência comigo! Ela entendeu o meu momento e não deu nenhum chilique, teve calma e foi jogando o melhor dela. Aquela mudança de jogo fez com que o nosso primeiro set fosse muito disputado, mas mesmo assim nós o ganhamos.

{ CAMINHO 4 • PERSEVERANDO }

A atitude da Jackie me deu confiança e tranquilidade para voltar ao jogo, tanto que o segundo set foi bem mais tranquilo, pois eu já estava no jogo novamente. Mas essa mudança de saque foi uma surpresa, ainda mais numa final olímpica, quando você está muito mais exposta.

Nessa hora é importante aprender que o seu parceiro está passando por um mau momento e que precisa da sua ajuda, e não que você piore a situação. Eu preciso fazer aquilo que está no meu círculo de influência e lembrar que ficar reclamando não funciona.

Nos jogos, quando não estava sendo pressionada, eu tentava ajudar as minhas parceiras tirando a pressão delas, que era sacando bem, não errando levantamento, entre outros fundamentos que eu buscava executar com perfeição. Eu precisava facilitar o jogo para que elas pudessem se sentir menos pressionadas e poder voltar ao seu estado mental normal. Não tem nada pior do estar jogando mal e a sua parceira, além de não ajudar, ficar reclamando e não fazer a parte dela. Nessa hora, parece que o mundo inteiro está sobre os seus ombros. Por isso é importante ter pessoas por perto que queiram ajudar no alcance do seu objetivo, e não pessoas que vão apostar contra você.

Sandra Pires e Adriana Samuel recebem a medalha de bronze nas olimpíadas de Sydney – 2000

4. **O que fazer quando minhas emoções negativas me dominam e me atrapalham a alcançar meus objetivos?**

Martin Seligman, considerado o pai da psicologia positiva, explica que há três tipos de pessoas ao lidar com adversidades extremas. O primeiro tipo é aquele que entra em depressão e, por fim, comete suicídio. O segundo é representado pela grande maioria das pessoas, que, ao passarem por uma situação de alto estresse, ficam por um bom tempo tristes, mas depois retornam ao estado normal. E há também o terceiro tipo, os considerados resilientes. Estes passam por situações altamente estressantes, ficam emocionalmente abalados (como todos), mas retornam ao estado normal muito mais rápido do que os demais. O que o terceiro grupo tem de diferente dos demais? A resposta está em suas crenças.

As crenças são nada mais nada menos do que modelos mentais do indivíduo, ou seja, aquilo em que ele acredita. As crenças, quando positivas, podem tirar todas as barreiras do nosso caminho e nos levar a fazer coisas incríveis. Entretanto, o problema existe quando a crença é negativa e irracional, pois ela nos tira do foco do nosso objetivo.

Imagine que você vai ao trabalho todo motivado para atingir a meta e, antes de chegar lá, alguém bate no seu carro. Esse incidente acaba com o seu dia e, com certeza, também acabará com a sua motivação para alcançar a sua meta. Outro cenário possível: você se sente motivado apenas quando o seu chefe reconhece seu trabalho, mas ultimamente ele não o tem reconhecido como você gostaria. Quando recebemos um estímulo negativo, temos a tendência a dar uma resposta automática também negativa.

ESTÍMULO
(Ver/ouvir/sentir...)
ADVERSIDADES

LIBERDADE DE ESCOLHA
MODELO MENTAL

RESPOSTA
(AÇÃO)
PRODUTIVIDADE

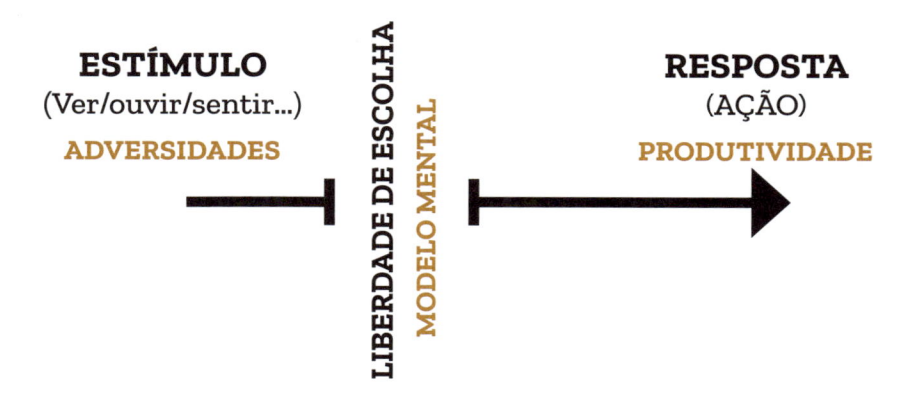

No entanto, Victor Frankl explica que "entre estímulo e resposta há um espaço. Nesse espaço está nosso poder de escolher nossa resposta. E é nela que reside o crescimento e nossa liberdade".

Quando passamos por uma adversidade (estímulo), tendemos a dar uma resposta não produtiva. Se um cliente que fecharia uma grande venda cancela o pedido (estímulo) e eu não bato a minha meta do mês, a tendência é eu ficar desanimado (resposta). Não posso mudar os estímulos que recebo, mas posso mudar a resposta que dou ao mundo. Para isso é preciso mudar o meu modelo mental, pois tenho a liberdade de escolher como eu me sinto. Victor Frankl dizia que a última liberdade do ser humano é como ele se sente, pois ninguém pode nos obrigar a sentir algo — somente nós decidimos como nos sentiremos.

Considerado um dos maiores experts em crenças irracionais do mundo e um dos psicólogos mais reconhecidos da atualidade, Albert Ellis explica que 35% das pessoas se comportam de forma neurótica, ou seja, quando uma pessoa potencialmente inteligente se comporta de forma derrotista e imbecil, isto é, com ansiedade, depressão, mágoas e hostilidade. Geralmente o neurótico toma por verdade aquilo que ele acredita, geralmente baseado em uma crença irracional. Se achar que algo é impossível de ser mudado, o neurótico então nem tentará, sabotando assim suas qualidades potenciais e consequentemente deixando de alcançar um objetivo que tanto almeja.

De acordo com Ellis, a neurose é fruto "dos pensamentos irrealistas e irracionais ou de nossas concepções das coisas e da maneira como elas supostamente precisam ou devem se apresentar". A seguir estão as principais crenças irracionais descritas por Albert Ellis e que exemplificam o pensamento derrotista do ser humano (as crenças serão descritas exatamente como em seu livro *Como Conviver com um Neurótico em Casa e no Trabalho*).

Para cada um dos próximos nove itens, classifique o quanto este item é verdadeiro para você em geral, atribuindo-lhe um número de 1 a 6. Quanto maior o número, mais este item é verdadeiro para você.

- "1" se a afirmação nunca é verdadeira para você;
- "2" ou "3" se a afirmação é verdadeira para você ocasionalmente;
- "4" ou "5" se a afirmação é verdadeira para você com frequência;
- "6" se a afirmação é sempre verdadeira para você.

Escreva a classificação que se aplica ao seu caso no espaço em branco à esquerda de cada item.

1. _____ Busco receber aprovação e amor de quase todas as pessoas por quase tudo que faço. _____.

2. _____ Tenho que demonstrar capacidade considerável e sucesso em aspectos relevantes ou então terei meu valor depreciado. _____ _____.

3. _____ Preciso me condenar por meus erros e maus procedimentos. _____.

4. _____ Devo acusar outras pessoas pelos seus comportamentos inadequados e ficar perturbado pelos seus erros e suas "burrices". _____.

5. _____ Como algo afetou profundamente minha vida num determinado momento, indefinidamente este fato deve continuar me afetando. _____.

6. _____ Devo conseguir aquilo que aprecio e, caso não consiga, eu me torno vítima de uma catástrofe. _____ _____.

7. _____ Para não me frustrar seriamente, eu evito bastante confrontar as adversidades e responsabilidades da vida ao invés de enfrentá-las. _____.

8. _____ Não tenho controle das emoções, visto que as reações emocionais são causadas por eventos externos. _____ _____.

9. _____ Devo me preocupar sempre com fatos potencialmente ameaçadores e a nossa ansiedade impedirá que eles aconteçam. _____ _____.

A sua pontuação variará de 9 (capaz de lidar facilmente com frustrações e situações adversas) até 54 (altamente neurótico e derrotista). Como você se saiu?

Essas crenças são consideradas irracionais, pois são baseadas na falta de raciocínio lógico. Agora faça outro exercício: prove a si mesmo que elas são irracionais. Escreva na linha em branco à direita de cada uma das frases o porquê de tal crença ser considerada irracional.

O que há de comum em todas elas?

As crenças citadas por Albert Ellis estão relacionadas à dificuldade que muitas pessoas têm para se autoaceitar, aceitar os outros do jeito que eles são e aceitar a vida como ela é. Essa dificuldade leva o indivíduo a se tornar irritada, depressiva, ansiosa e até mesmo sabotar os próprios objetivos. Um colaborador que queira se tornar gerente da empresa pode perder essa oportunidade ao tratar mal os colegas por não cumprirem os prazos combinados.

Como surgem as crenças irracionais?

Segundo seus estudos, Ellis concluiu que o ser humano sofre não por causa do evento, mas pela forma como ele percebe o evento. Isso é demonstrado na história de dois irmãos gêmeos milionários que perderam tudo durante a crise dos mercados imobiliários de 2008. Um dos irmãos, amargurado com a situação, cometeu suicídio, enquanto o outro ficou duplamente amargurado, pois perdera o irmão gêmeo e também o dinheiro. Algum tempo depois, o irmão que permaneceu voltou a investir e recuperou toda a sua fortuna.

Muitas pessoas acreditam que o evento é o grande causador de distúrbios emocionais, ou seja, elas atribuem as tristezas, irritações e amarguras às circunstâncias ao redor. Sempre ouvimos expressões do tipo "você me tira do sério", "isso me deixa triste", "fulano me irrita", entre outras, que demonstram que o ser humano é vítima das circunstâncias, quando, na realidade, nossos distúrbios vêm da percepção que temos do evento, e não do próprio evento. O evento descrito nessa história é a crise no mercado imobiliário. Se o problema real fosse este, os dois irmãos deveriam reagir igualmente a ele, mas não foi o que aconteceu. Um cometeu suicídio e o outro se recuperou.

Em outras palavras, o que perturba o ser humano é o seu julgamento sobre os eventos, e não os eventos em si. Ser fechado no trânsito não me deixa irritado, mas, sim, a forma como eu interpreto essa situação.

Isso significa que somos tão responsáveis pela nossa vida quanto somos responsáveis pelo modo como nos sentimos transtornados pelo que nos cerca. Mas como isso acontece afinal?

Segundo Albert Ellis, o que perturba o ser humano é a forma que ele pensa, ou seja, a maneira como ele fala consigo mesmo. Ele denominou essa forma de autoconversação, ou *self talk*. O problema do processo de *self talk* é que há apenas uma pessoa interna falando e pensando em determinado tema, e, como não tem uma outra pessoa para contra-argumentar, o neurótico toma por verdade todos os seus pensamentos. Isso gera um problema, pois o sujeito começa a generalizar sem perceber. Se aconteceu algo ruim em sua vida, ele acredita que esse fato se repetirá, que a sua vida é uma tragédia e que nunca mudará. Começa então a dizer coisas do tipo "homem não presta", "político é tudo ladrão", "nunca vou conseguir um bom emprego", baseando-se muitas vezes em um único evento negativo.

Imagine agora uma pessoa perfeccionista de 40 anos de idade. Provavelmente ela está falando para si mesma, pelo menos há uns 20 anos, que as coisas têm que ser perfeitas. Um jovem de 20 anos talvez esteja há 5 dizendo que não é criativo. E o pior é que internamente não há ninguém para rebatê-los ou questioná-los. Eles acabam aceitando isso como verdade, o que na maioria das vezes não é. O mesmo acontece para qualquer outro tipo de pensamento.

A generalização transforma o verbo "ser" em uma das palavras mais perigosas do mundo. Afinal, toda vez que você descreve um comportamento de uma pessoa com o verbo "ser", você está rotulando-a, o que significa que você não dá a possibilidade de a pessoa ser outra coisa. Quando você diz que fulano é criativo, não está descrevendo um comportamento dele nem dando a opção de ele não ser criativo — é 8 ou 80, ou é criativo ou não é. Se você convidar para uma reunião uma pessoa que você rotula como "criativa", e no meio da reunião ela tiver um lapso de ideias, você ficará frustrado, pois, na sua cabeça, "ele é criativo" e não há outro jeito que ele possa ser. O rótulo gera um estado de imutabilidade.

A generalização, por sua vez, é um processo natural do cérebro, que faz isso para economizar energia. É mais fácil rotular uma pessoa do que descrever o que ela faz. É mais fácil dizer que meu chefe é chato do que dizer que ele pega todo dia no meu pé para eu chegar no horário, cobra a toda hora os meus relatórios, constantemente me dá feedback do que eu preciso melhorar e coisas assim. Imagine eu ter que avaliar todos os dados referentes ao meu chefe, seus pontos positivos e negativos, para então dar um veredito sobre ele. É muito mais fácil dizer que ele é chato! A generalização é o primeiro problema causado pelo *self talk*.

O segundo problema criado pelo *self talk* é a exigência irreal que criamos sobre o evento, o que causa emoções negativas como irritação, ansiedade, depressão e outros comportamentos neuróticos.

Você já reparou que tem dias que certas coisas o irritam, mas em outros não? Tem dias que você está com pressa para chegar a uma reunião com o cliente e o trânsito o irrita, mas em outros você quer chegar tarde à casa da sua sogra e o trânsito lento o ajuda! Por que há dias em que nos irritamos com o trânsito e outros não? Porque nós o interpretamos de formas diferentes.

Vamos imaginar o seguinte caso: um indivíduo está se preparando há seis meses para fazer uma viagem à Europa. Um dia antes da viagem, uma crise de Covid-19 fecha todos os aeroportos e países, impossibilitando-o de viajar. No mesmo prédio, outro morador está muito feliz com o acontecimento, pois ele trabalha com costura e estava há quatro meses sem trabalho. Agora, com a crise, ele conseguirá pagar as contas, graças à venda de máscaras artesanais que ele produzirá.

Por que um estava alegre e outro estava triste com o mesmo evento? Porque eles tinham interesses diferentes e, consequentemente, criaram expectativas diferentes sobre o evento. O evento em si não pode ser enquadrado como perigoso, triste, bom ou ruim, mas o ser humano o avalia considerando se o evento contribui ou não para os seus interesses, associando-o às suas expectativas.

A expectativa em si é boa se ela o motiva em direção aos seus objetivos. A expectativa de alcançar sonhos e ganhos futuros é que faz o ser humano crescer, desenvolver e performar no seu melhor. O problema surge quando criamos falsas expectativas — estas, sim, são a causa para o sofrimento humano. As falsas expectativas são chamadas de crenças irracionais e se baseiam em convicções que criamos sobre os eventos e demais fatores externos a nós, ou seja, sobre os quais não temos nenhum controle. O sujeito que estava pronto para as férias na Europa esqueceu que a viagem dele depende de companhias aéreas, agentes de imigração, autoridades policiais e demais agentes externos; entretanto, ele cria expectativas irreais de que tudo irá conspirar a seu favor.

O problema de toda crença irracional e das convicções que ela gera é que começamos a exigir que as coisas aconteçam do nosso jeito, isto é, "se eu me programei para viajar, o mundo precisa conspirar para isso". Nesse sentido, pensamos que, só porque queremos uma coisa, ela vai acontecer. É como se quiséssemos que Deus nos privilegiasse só pela nossa vontade, e que Ele se esquecesse dos outros 7 bilhões de pessoas deste planeta apenas para atender às nossas necessidades.

Agora imagine que o indivíduo que estava com a viagem agendada para a Europa estivesse viajando para encontrar o pai que tem uma doença terminal e apenas um mês de vida. Você acha que a vontade de viajar seria maior ou menor? Quanto maior o desejo, mais exigimos inconscientemente que algo aconteça, e mais esse desejo se torna uma exigência, uma demanda rígida, uma necessidade, uma obrigação e assim por diante. Quando não conseguimos o que acreditamos que devemos conseguir, nos tornamos emocionalmente perturbados. Esquecemos que é apenas uma exigência irracional e que pode não se concretizar. É comum o ser humano querer que o mundo se adapte às suas vontades, e, se algo sai errado, ele esbraveja, xinga, grita, chora, fica deprimido e sofre de vários distúrbios emocionais.

A crença irracional, de forma resumida, é formada por duas crenças:

Exigência: esta casta de crenças se caracteriza nas pessoas que exigem sucesso, tratamento justo e respeito. Elas são extremas, rígidas, inflexíveis, dogmáticas e são identificadas por verbos que conotam obrigação ou exigência, como: devo, tenho, deveria e preciso (por exemplo: "eu deveria tirar uma boa nota na prova" ou "ele não deveria me fechar no trânsito"). Uma pessoa perfeccionista provavelmente pensa "eu tenho que ser perfeita", "eu não posso errar isso!".

Rótulo: este tipo de crenças, já mencionadas antes, acontece quando nos punimos ou condenamos toda a nossa personalidade ou a de outra pessoa por comportamentos inadequados. Como consequência disso, criamos rótulos ofensivos que destinamos a nós mesmos, a outras pessoas ou mesmo às coisas, geralmente precedidos pelo verbo **"ser"**: fulano **"é"** perdedor, inútil, idiota, estúpido etc.

Em suma, uma **crença irracional** é formada por uma **exigência irracional** (algo que queremos muito que aconteça — uso do verbo ter, precisar e outros que demonstrem obrigação) + **um rótulo ou xingamento** (o que eu sou se algo acontecer ou não acontecer). "Ele **tem** que entregar o relatório no prazo, senão ele é um irresponsável" ou "Eu **tenho** que chegar no horário, senão eu **não sou responsável**". No caso do perfeccionista, ao errar, ele se pune com expressões do tipo: "eu **tenho** que ser perfeito, senão **sou incompetente**" ou mesmo "eu **não tenho** que errar isso, senão **sou burro**".

Veja o exemplo no método **ABC** de Albert Ellis:

CRENÇA IRRACIONAL

A (Adversidade)	B (Belief – Crenças)	C (Consequência)
Colaborador chegar atrasado	"Ele não tem que chegar atrasado, senão ele é um irresponsável"	RAIVA

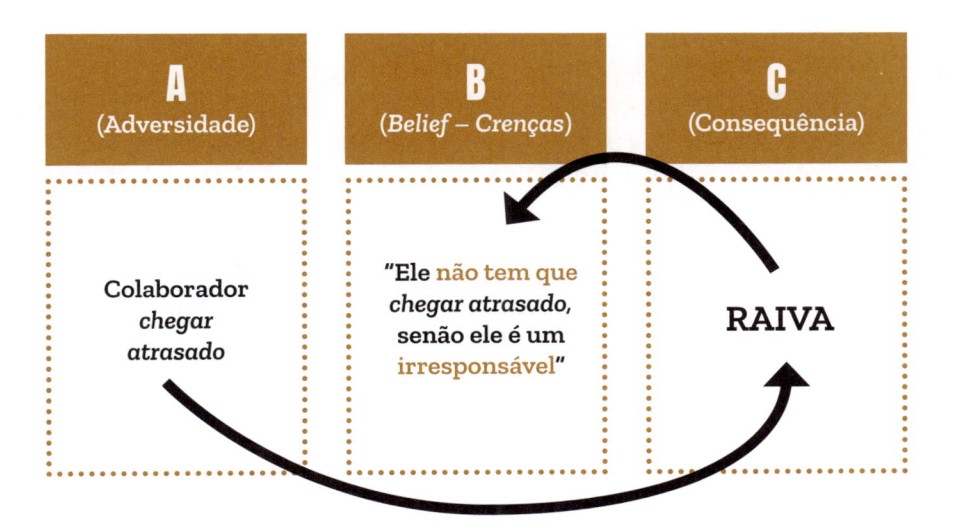

A = Adversidade vivenciada, ou seja, o estímulo negativo recebido.

C = Consequência dessa adversidade, ou seja, a resposta que damos ao mundo.

B (*belief*) = É a crença, o modelo mental que nos leva a agir com raiva. Perceba que há uma exigência irracional ("não tem que") e um rótulo ("irresponsável").

Vamos praticar agora?

Preencha o quadro abaixo com as seguintes informações:

A = Uma adversidade que o deixa com RAIVA (precisa ser uma ação, alguém fazendo alguma coisa).

C = RAIVA

B = A crença irracional: o que essa pessoa tem que/não tem que fazer (exigência) + o que ela é se fizer, ou seja, do que você a xingaria se ela fizesse isso (rótulo).

CRENÇA IRRACIONAL

A (Adversidade)	B (Belief – Crenças)	C (Consequência)
	Ele tem que/ (Ele não tem que) _____ senão ele é _____	RAIVA

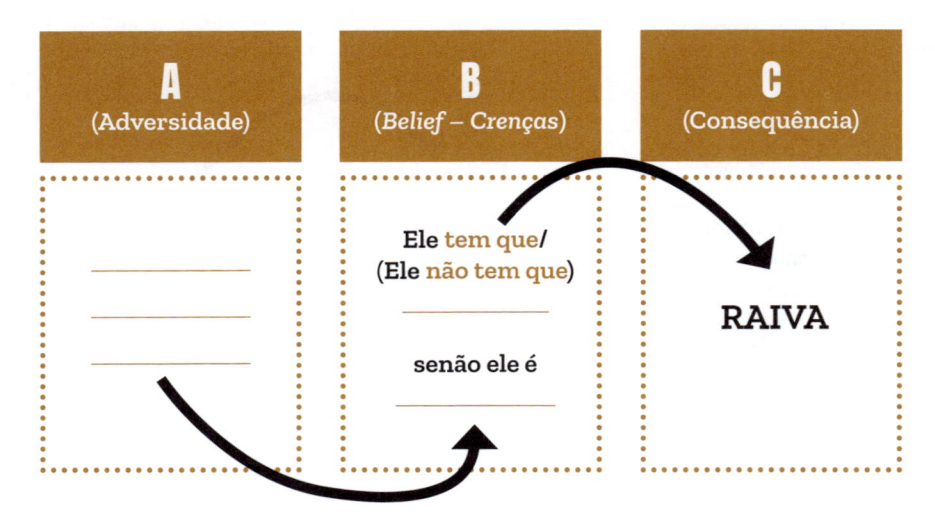

Antes de irmos para as recomendações de como ressignificar as crenças, vamos debater essas crenças no âmbito racional para entender a credibilidade que devemos dar a elas. Debateremos a exigência e o rótulo no nível lógico, realista e produtivo. Essa técnica foi ensinada por Randy Distefano, coach e líder da ICI, um dos melhores cursos de coaching do Brasil. Faça a si mesmo cada pergunta dos quadrantes sobre a sua exigência irracional e sobre o rótulo que você deu.

DEBATE INTERNO

	EXIGÊNCIA	**RÓTULO**
LÓGICO	Exigir garante que "X" aconteça?	É lógico dizer que a totalidade de uma pessoa é "X" por causa desse evento?
REALISTA	Se houvesse uma lei, garantiria?	Se a pessoa fosse "X", qual a única coisa que ela produziria? Isso representa toda a vida dela?
PRODUTIVO	A sua emoção resolve?	Rotular o outro ajuda a resolver o problema?

Em outras palavras, exigir que o fulano não chegue atrasado vai garantir que ele chegue no horário? Mesmo se houvesse uma lei, ele ainda assim poderia chegar atrasado, visto que muitas pessoas burlam as leis. E se ele fosse "irresponsável", ele produziria somente "irresponsabilidades", o que não representa toda a vida dele. O pior de tudo é que ficar irritado e rotular o outro não resolve o problema.

Como, então, ressignificar essas crenças?

Ellis sugere que, como forma de reduzir a rigidez das crenças irracionais, devemos usar palavras mais flexíveis, por exemplo "eu prefiro" em vez de "ele tem que". Além disso, devemos reduzir o tamanho da catástrofe que criamos em cada evento. "Eu prefiro que ele chegue no horário, mas, se não acontecer, não será o fim do mundo" ou "eu prefiro não errar, mas, se acontecer, é só uma adversidade pequena". Essa mudança de modelo mental mais racional faz com que nosso nível de emoção negativa diminua durante uma adversidade e possamos voltar a atuar de forma inteligente e não neurótica.

Faça o seu agora! Coloque no espaço em branco o que você antes estava exigindo irracionalmente que a pessoa fizesse, só que agora usando "eu prefiro que".

Exemplo: "Eu PREFIRO que <u>ele não chegue atrasado</u>, mas, se não acontecer, não será o fim do mundo, ninguém morrerá, não será uma tragédia, apenas uma dificuldade".

"Eu PREFIRO que _____, mas, se não acontecer, não será o fim do mundo, ninguém morrerá, não será uma tragédia, apenas uma dificuldade".

Qual modelo é mais produtivo para você: o de exigência irracional ou o modelo de pensar mais flexível? Por quê?

_____

_____

O objetivo de compreender e ressignificar as crenças irracionais é que você pode questioná-las e até debater o seu significado. É aprender a ter uma autoaceitação incondicional, bem como aceitação incondicional dos outros e da vida. É compreender que as pessoas erram e sempre errarão, assim como nós também erraremos. É compreender que o mundo é do jeito que é, e temos que nos moldar a ele, e não o contrário. É compreender que não precisamos do apreço de ninguém para sermos felizes ou fazer nosso trabalho bem-feito. É compreender que, caso uma adversidade aconteça, não será o fim do mundo nem uma tragédia, será apenas mais uma adversidade. É compreender que podemos dar uma resposta positiva mesmo quando o mundo nos oferece uma adversidade.

Essa forma de pensar o fará administrar melhor as suas emoções negativas, como raiva e tristeza, e o ajudará a voltar o foco para o seu objetivo final.

Importante:

1. Lembre-se de que todos nós temos benefícios por mantermos os nossos modelos mentais limitantes e permanecer no *status quo*, seja de forma inconsciente ou consciente. Por isso é tão difícil mudar.

2. Cuidado com a sensação de que "está tudo bem". Não mudamos nossos comportamentos porque "está tudo bem"! Para que estudar em um MBA à noite, durante dois anos, ter que fazer provas e trabalhos, se você já ocupa um cargo de chefia, paga as contas e tem bons benefícios na empresa? Para que fazer terapia com a sua esposa se ela ainda mora com você, cuida das crianças, leva-as para a escola e cuida da casa? Está tudo bem, certo? Cuidado. Talvez você esteja trocando a sua vida ótima por uma vida apenas boa o suficiente.

3. Quando algo não sair do jeito que você esperava, pense "isso não saiu como eu queria, mas não é o fim do mundo, é apenas uma adversidade". Aperte aquele famoso botão!

4. Lembre-se de que as crenças são invisíveis e onipresentes, fazendo você agir no piloto automático sem se questionar. Portanto, quando estiver com um pensamento fixo e irredutível, procure pessoas que pensem de forma diferente da sua. Evite buscar informações que confirmem o seu ponto de vista apenas para se sentir vitorioso. Pessoas de sucesso são irredutíveis em seus valores, mas têm a mente aberta para ideias, coisas e pessoas, e para a forma de enxergarem a vida. Atente-se a isso!

5. Toda vez que surgir a vontade de permanecer no *status quo* ou achar que algo é impossível, pense "como essa forma de pensamento pode me ajudar a me tornar a pessoa que eu quero me tornar?".

6. Quando os obstáculos que enfrenta em direção ao objetivo são externos (burocracia, perda de emprego etc.), a motivação é o melhor combustível para lhe dar energia e ajudá-lo na sua superação. Releia a sua visão de futuro, o seu propósito de vida e a carta que você escreveu para se motivar (páginas 99, 102 e 106).

7. Lembre-se de que a adversidade somente favorecerá o seu sucesso quando você mudar a sua percepção sobre ela e encará-la como uma grande oportunidade de desenvolvimento. Ao se deparar com um obstáculo, use a sua imaginação e criatividade para compreender quais benefícios esse obstáculo lhe trará. Você perceberá que as respostas serão diversas e entusiasmantes. Utilize cada obstáculo para ajudá-lo a crescer. Nietzsche certa vez disse: "O que não me mata, me fortalece!". Pense que as pessoas que param no primeiro obstáculo da escalada serão aquelas que não chegarão ao topo e não verão o mundo por cima. Boa sorte a boa jornada rumo ao alto do pódio!

{ CAMINHO 4 • PERSEVERANDO }

Quando não temos claros os nossos sonhos ou não tempos pessoas que nos apoiem em nossa jornada, desistir é uma opção mais do que comum. Aliás, é muito mais fácil trocar de sonho do que perseverar naquele objetivo que o tirará da zona de conforto e o fará crescer. Quanto mais difícil o objetivo, mais obstáculos e adversidades encontraremos no caminho, e maior é o índice de desistência também.

Na minha jornada profissional no vôlei, encontrei muitos e desafiadores obstáculos que me diziam o tempo todo "você não vai conseguir, é muito difícil, poucas pessoas chegaram lá!". Felizmente, não paralisei diante dos obstáculos e não dei ouvidos a essas vozes que queriam matar os meus sonhos. Ouvi somente a minha voz interior, que dizia "vai, que você consegue! Faça o que for preciso e você chegará lá!".

No entanto, nem sempre a minha vida foi feita de perseverança. A primeira e única vez que eu falhei comigo mesma e não perseverei em um sonho foi quando eu, com meus quatorze anos de idade, fui convidada a jogar em dois times muito competitivos do Rio de Janeiro, que eram os times infantojuvenis do Flamengo e da Supergasbras. Esses convites apareciam com certa frequência, toda vez que o time em que eu jogava participava de algum jogo fora da Ilha do Governador e eu me destacava. Naquela ocasião, acabei optando por jogar no time da Supergasbras.

Quando comecei a participar dos treinos, percebi que eram muito puxados tanto fisicamente quanto na parte técnica. As garotas que faziam parte do elenco já vinham treinando nesse ritmo desde as categorias de base, ou seja, mirim, infantil e agora infantojuvenil. Eu já não tinha esse ritmo todo, pois eu treinava em um time local de pouca relevância no cenário do vôlei feminino e que não possuía toda aquela estrutura nem conhecimento.

Por mais que eu quisesse me tornar jogadora profissional, treinar com aquelas garotas me assustou muito, pois elas estavam muito acima do meu nível. Aquela voz que mata nossos sonhos começou a gritar no meu ouvido que eu não conseguiria jogar igual a elas. Comecei então a me comparar a elas em quadra e isso gerou um sentimento negativo em mim.

Eu realmente as achava mais preparadas do que eu naquele momento, até mesmo porque elas foram treinadas e estimuladas desde muito cedo, e isso faz toda a diferença quando o jogador chega à fase adulta. Um jogador que foi estimulado no voleibol desde a infância, num nível profissional de treino, tem mais tempo de desenvolvimento de sua capacidade muscular, técnica, força física, coordenação e outras coisas quando comparado com alguém que começou mais tarde na mesma modalidade. Apesar de ter passado pelo atletismo na minha infância, o que me desenvolveu fisicamente, eu precisaria trabalhar muito para chegar àquele nível de qualidade técnica do vôlei. Aí apareceram os meus medos.

Como havia pulado as categorias de base (mirim, infantil), eu achava que não conseguiria ser tão boa quanto elas e que não tinha condições de acompanhar o grupo. Para quem não conhece muito, um jogador mirim que foi estimulado desde cedo tem uma diferença técnica e física extremamente maior do que um jogador que não foi. Olhando hoje para aquela época, consigo ver claramente que eu teria toda condição, mas naquele momento isso não estava claro para mim.

Além disso, quando você entra para um time, muitas pessoas não te recebem bem e te olham torto, como quem diz "você não é bem-vinda aqui!". Elas não pensam que você está ali para agregar e ajudar o time a ganhar, e sim que você está lá para "roubar a vaga de alguém". Isso não acontece somente no esporte, mas em toda equipe com falta de maturidade nos membros. No time em que eu estava entrando, as garotas já se conheciam, estavam entrosadas, e eu estava toda tímida me sentindo um peixe fora da água.

Outro fator que influenciou minha adaptação dentro do time foi a indiferença do técnico, que não conseguiu enxergar meus medos e anseios e me apoiar para que eu me adaptasse da melhor forma possível. Ele poderia ter me integrado ao grupo mostrando que eu estava ali para somar, e não para subtrair, o que me ajudaria no processo de adaptação. Se ele tivesse falado "não desista, pode ficar que daqui a pouco você vai alcançar o grupo, daqui a pouco você vai estar entrosada. Enquanto isso, se precisar de alguém pra conversar, eu estou aqui", a história poderia ser completamente diferente.

Também não sei se eu dei essa chance a ele. Ele, como líder daquela equipe, tinha como papel garantir que eu pudesse performar o meu melhor dentro do time e criar o ambiente certo para isso. Quando somos muito jovens, é importante ter alguém para nos apoiar, nos motivar, mostrar que existem outras formas de se pensar. Entretanto, ele como líder não fez nada disso!

Resumindo, a minha falta de maturidade para me adaptar e a indiferença do técnico em me apoiar no momento em que os meus medos dominavam a minha cabeça fizeram com que eu tomasse a decisão de desistir de jogar no Supergasbras.

Aquele foi um grande teste para mim, como a vida é um grande teste, a todo momento, para todos nós. Somos testados em nossos relacionamentos, casamento, trabalho, com os filhos, no trânsito, na política, enfim, somos testados o tempo todo. Não quero culpar o técnico pela minha desistência nem acho certo culparmos as circunstâncias externas pelas coisas que dão errado em nossa vida. Quero trocar a palavra "culpado" por "responsável". A responsabilidade pela minha carreira e pela minha vida é minha e de mais ninguém. E isso só consegui entender quando eu completei 17 anos e fui jogar no time da Rio Forte.

A mesma situação aconteceu quando eu fui convidada para integrar o time da Rio Forte em 1990, só que daquela vez eu decidi ir em direção à adversidade ao invés de fugir. Eu queria fazer acontecer. Além disso, como o técnico queria muito que eu jogasse no time, me deu todo o suporte emocional para que eu permanecesse na equipe. Ele conseguiu ter essa percepção, o que foi fundamental, pois eu consegui me enturmar rapidamente e me senti parte do time. Naquele momento eu comecei a aprender muitas coisas, inclusive a perseverar em muitas situações difíceis e também durante os jogos. Foi quando eu entendi que, se quisesse chegar ao topo, teria que parar de fugir da adversidade para ir em direção a ela.

Outro momento em que eu busquei a adversidade ao invés de evitá-la foi quando fui jogar com a Ana Paula. O nosso técnico, após uma análise, sugeriu que eu jogasse na saída de rede para que ela ficasse na posição dela, que era onde eu havia jogado a vida inteira. Na verdade, eu fui campeã olímpica jogando na entrada de rede. O pior é que eu mudei de posição sem treinar, tive que aprender durante os jogos mesmo. Eu tive que ajustar as largadas, os levantamentos, o passe, enfim, eu precisei mudar o meu jogo!

Se disser que fui contente ou feliz para a saída de rede, estarei mentindo. Eu não fui! O nosso técnico fez uma análise e acabou sugerindo que eu mudasse de posição. Nenhum jogador sai da zona de conforto com alegria! Eu não gosto de mudança, mas tenho a vantagem de aceitar a mudança rapidamente, o que me dá o benefício de me adaptar muito rápido. No fim das contas, acabo me motivando com os desafios, e aquela situação era um superdesafio. Se eu conseguisse jogar bem nas duas posições, seria uma enorme conquista para mim. Mas não adianta somente aceitar o desafio; tem que fazer as coisas acontecerem, correr atrás, realizar!

Eu queria tanto fazer a coisa dar certo que nós ganhamos o primeiro torneio de cara contra uma forte dupla norte-americana, Walsh e May, na Grécia. No segundo torneio, ficamos em segundo lugar. No terceiro e no quarto torneios, ganhamos das norte-americanas na final. Conseguimos nos adaptar rapidamente e estávamos jogando muito! Fizemos a nossa parte da melhor forma possível, e deu certo! Eu poderia ter reclamado ou até recusado aquela mudança, mas nunca teria alcançado o que alcancei!

CAMINHO 4 • PERSEVERANDO

Não há espaço para desistência na vida! Até há, mas você não alcançará o alto do pódio como deseja. E na vida dificilmente você terá vitória em todos os jogos. Muito pelo contrário, é bem possível que você perca um jogo logo no início do torneio e tenha que jogar na chave dos perdedores[3] até chegar à final. No entanto, assim como no vôlei, a vida reserva o lugar mais alto do pódio para aqueles que perseveram até o fim, que acreditam firmemente que podem chegar lá e que lutam com toda a garra para isso. Que tal parar de olhar para os problemas e focar os seus olhos no topo do seu pódio, na sua visão de futuro? E toda vez que você pensar em desistir, lembre-se das pessoas que te apoiam, o quanto elas torcem por você e o quanto elas ficarão orgulhosas. Você verá que o mundo visto do alto do pódio é diferente. Isso me ajudou a chegar aonde eu cheguei, e espero que te ajude a chegar ao topo do seu pódio também.

Beijos,
Sandra Pires

Carol Beiriz

Sandra Pires com a medalha de ouro!

---

[3] Chave dos perdedores: nos torneios de vôlei de praia, o sistema é de eliminatória dupla. Se você perder duas partidas, você está fora. Esse sistema ocorre até a semifinal, dando uma dupla chance a todos os jogadores. Os jogadores que perdem uma partida durante esse tipo de competição terão que fazer mais jogos do que aqueles que estão invictos e também não podem perder mais nenhuma partida, senão serão eliminados.

CAPÍTULO 5

PLANO DE AÇÃO

CAPÍTULO 5 • PLANO DE AÇÃO

Neste capítulo trabalharemos os conceitos apresentados de forma sistêmica, com o objetivo de criar uma estratégia para você alcançar o topo do seu pódio. Você deve preencher os quadros a seguir para facilitar o acompanhamento da sua meta e dos seus rituais semanais. Boa sorte em sua jornada e não aceite menos do que o sucesso, do que enxergar a sua vida do alto do pódio!

{ DO ALTO DO PÓDIO }

Qual o seu objetivo PROFISSIONAL a longo prazo, sua MCI, suas metas comportamentais e os seus rituais?

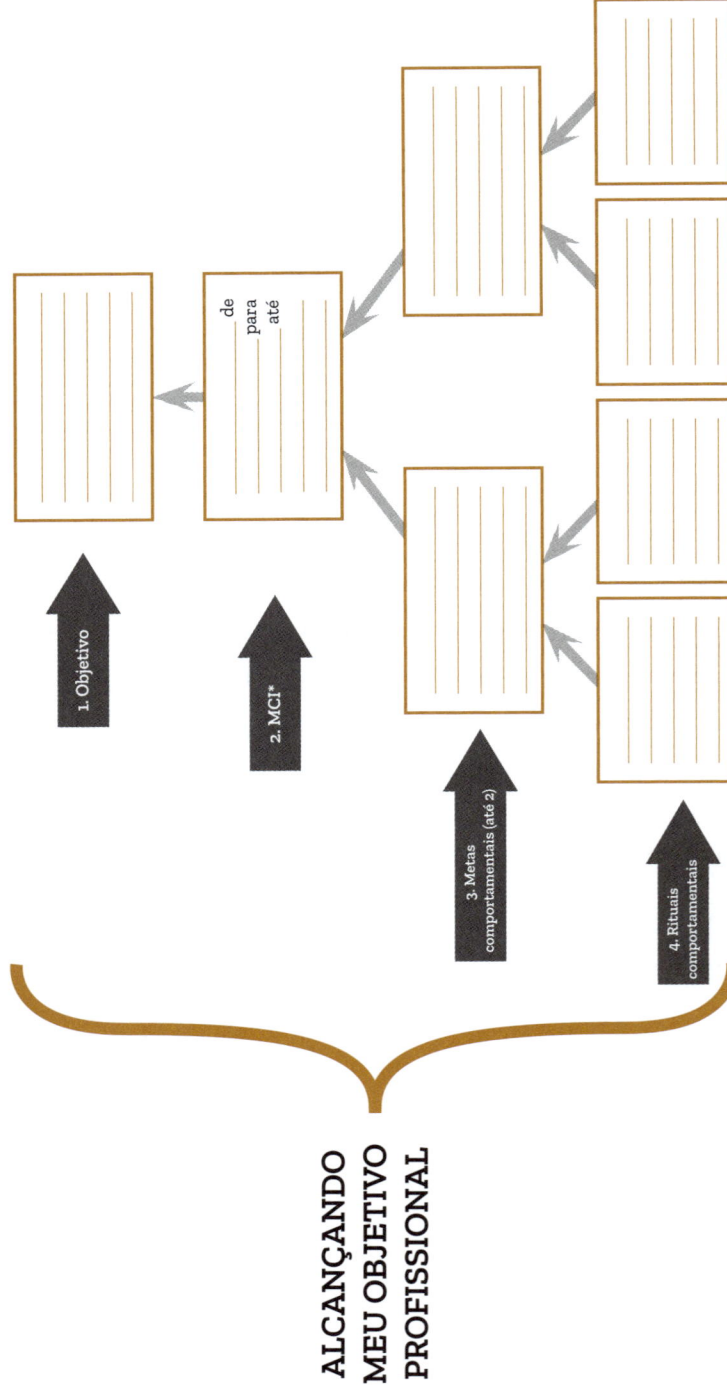

*MCI = Meta Crucialmente Importante

1. Objetivo

2. MCI*

de
para
até

3. Metas comportamentais (até 2)

4. Rituais comportamentais

ALCANÇANDO MEU OBJETIVO PROFISSIONAL

《 CAPÍTULO 5 • PLANO DE AÇÃO 》

MEUS VALORES

1. _____

2. _____

3. _____

4. _____

5. _____

COMO QUERO SER RECONHECIDO PROFISSIONALMENTE

_____

_____

_____

_____

_____

_____

— DO ALTO DO PÓDIO —

Qual o seu objetivo PESSOAL a longo prazo, sua MCI, suas metas comportamentais e os seus rituais?

MCI = Meta Crucialmente Importante

de
para
até

1. Objetivo
2. MCI*
3. Metas comportamentais (até 2)
4. Rituais comportamentais

ALCANÇANDO MEU OBJETIVO PESSOAL

MEUS TALENTOS

1. _____

2. _____

3. _____

4. _____

5. _____

MEU PROPÓSITO DE VIDA

REFERÊNCIAS

AMERICAN PSYCHOLOGICAL ASSOCIATION. (2016). **The road to resilience.**, Retrieved November 22, de novembro de 2016 from . Disponível em: http://www.apa.org/helpcenter/road-resilience.aspx.

BANDURA, A. Self-efficacy: toward a unifying theory of behavioral change. **Psychological Review**, v. 84, n. 2, p. 191, 1977.

BANDURA, A.; ADAMS, N. E. Analysis of self-efficacy theory of behavioral change. **Cognitive Therapy and Research**, v. 1, n. 4, p. 287-310, 1977.

BANDURA, A.; ADAMS, N. E.; BEYER, J. Cognitive processes mediating behavioral change. **Journal of Personality and Social Psychology**, v. 35, n. 3, p. 125, 1977.

BÍBLIA, Português. **Bíblia Shedd: Antigo e Novo Testamento**. Tradução de João Ferreira de Almeida. 2. ed. revista e atualizada no Brasil. São Paulo: Vida Nova; Brasília: Sociedade Bíblia do Brasil,1997.

BLOG DO FA BOSSI. Disponível em: www.blogdofabossi.com.br.

BURNARD, K.; BHAMRA, R. Organizational resilience: development of a conceptual framework for organizational responses. **International Journal of Production Research**, v. 49, n. 18, p. 5581-5599, 2011.

CHEN, G.; GULLY, S. M.; EDEN, D. Validation of a new general self-efficacy scale. **Organizational Research Methods**, 4, n. 1, p. 62-83, 2001.

REFERÊNCIAS

CLIFTON, Donald O.; BUCKINGHAM, Marcus. **Descubra Seus Pontos Fortes**. Rio de Janeiro: Sextante, 2008.

COOPER, C. L.; FLINT-TAYLOR, J.; PEARN, M. **Building Resilience for Success: a Resource for Managers and Organizations**. Nova York: Palgrave Macmillan, 2013.

COVEY, S. R. **The Seven Habits of Highly Effective People**. Queensland: Emereo Publishing, 2012.

DA MATA, Villela; VICTORIA, Flora. **Personal & Professional cCoaching: lLivro da mMetodologia**. Rio de Janeiro: Publit, 2012.

DEDICAÇÃO. **Dicionário Informal**. Disponível em: http://www.dicionarioinformal.com.br/dedicação/.

DI STÉFANO, Randy. **Processos e Técnicas de Coaching**. São Paulo: Instituto de Coaching Integrado, 2003. (Apostila do Curso de Formação e Certificação Internacional em Coaching Integrado – Instituto de Coaching Integrado).

DILTS, Robert B.; HALLBOM, Tim, SMITH, Suzi. **Crenças: Caminhos para a Saúde e o Bem-estar**. São Paulo, Summus Editorial, 1993.

DYER, Wayne W. **A mudança: Como transformar ambição em significado**. Rio de Janeiro, Nova Era, 2012.

ELLIS, A. **Como Viver com um Neurótico em Casa e no Trabalho**. Rio de Janeiro: Artenova, 1976.

FABOSSI, Marco. **Coração de Líder: a Essência do Líder-coach: Conduzindo Pessoas e Organizações ao Sucesso**. Niterói: Palavra, 2010.

FRANKL, V. E. **Man's Search for Meaning**. Boston: Beacon Press, 2006.

GLADWELL, Malcolm. **Outliers: The Story of Success**. Boston: Little, Brown, 2008.

GUNUSEN, N. P.; USTUN, B.; ERDEM, S. Work stress and emotional exhaustion in nurses: the mediating role of internal locus of control. **Research and Theory for Nursing Practice**, v. 28, n. 3, p. 260-268, 2014.

HOLLING, C. S. Resilience and stability of ecological systems. **Annual Review of Ecology and Systematics**, p. 1-23, 1973.

MARQUES, José Roberto; CARLI, Edson. **Coaching de Carreira: Construindo Profissionais de Sucesso**. São Paulo: Ser Mais, 2012.

MCCHESNEY, Chris et al. **As 4 Disciplinas da Execução: Garanta o Foco nas Metas Crucialmente Importantes**. 1. ed. São Paulo: Elsevier, 2013.

MCCORMACK, Mark. **O que Ainda Não Se Ensina em Harvard Business School**. Rio de Janeiro: Best Seller, 1989.

MICHAELS, Ed; HANDFIELD, Helen; AXELROD, Beth. **A Guerra do Talento**. Rio de Janeiro: Campus, 2002.

MORAES, Bill; MCCHESNEY, Chris; COVEY, Sean; HULIN, Jim. **As 4 Disciplinas da Execução: Garanta o foco nas metas crucialmente importantes**. São Paulo: Alta Books, 2017.

O'CONNOR, Joseph; SEYMOUR, John. **Treinando com a PNL**. São Paulo: Summus, 1996.

OLIVEIRA, Djalma de Pinho Rebouças de. **Plano de Carreira: Foco no Indivíduo: Como Elaborar e Aplicar para Ser um Profissional de Sucesso**. São Paulo: Atlas, 2009.

REFERÊNCIAS

PONTES, Rodrigues Benedito. **Você Pode Ter uma Carreira de Sucesso!** São Paulo: LTrs, 2011.

QUEIROZ, Cláudio; LEITE, Christiane. **O Elo da Gestão de Carreira: o Papel do Empregado, da Liderança e da Organização.** São Paulo: DVS, 2011.

SÁNCHEZ, Ó. et al. The relationship between optimism, creativity and psychopathological symptoms in university students. **Electronic Journal of Research in Educational Psychology**, v. 8, n. 3, p. 1151-1178, 2010.

SANTIAGO, Antônio Cláudio Queiroz. **As Competências das Pessoas: Potencializando Seus Talentos.** São Paulo: DVS, 2008.

SCHEIN, Edgar H. **Âncoras de Carreira.** Texto adaptado pelos professores Joel Souza Dutra e Lindolfo Galvão Albuquerque do livro **Career Anchor** de Edgar Schein (apostila para uso em aula – não publicada).

SMITH, Hyrum W. **O que Mais Importa: o Poder de Viver Seus Valores.** Rio de Janeiro: Best Seller, 2007.

STOLTZ, Paul G.; WEIHENMAYER, Erik. **As Vantagens da Adversidade.** São Paulo: Martins Fontes, 2008.

STOLTZ, Paul. G. **Desafios e Oportunidades: Adversidade, o Elemento Oculto do Sucesso.** Rio de Janeiro: Campus, 2001.

TZU, Sun. **A Arte da Guerra.** Porto Alegre: L&PM, 2011.

WIND, Y.; CROOK, C.; GUNTHER, R. **A Força dos Modelos Mentais: Transforme o Negócio da Sua Vida e a Vida do Seu Negócio.** Porto Alegre: Bookman, 2005.

WISEMAN, Richard. **O Fator Sorte.** Rio de Janeiro: Record, 2003.

www.dvseditora.com.br